TERREIRO DE CABOCLO
A raiz indígena na Umbanda

Capa e projeto gráfico: Marco Cena
Revisão: Gaia Revisão Textual
Produção editorial: Bruna Dali e Maitê Cena
Assessoramento gráfico: André Luis Alt

Dados Internacionais de Catalogação na Publicação (CIP)

S843t   Ferreira Stevanim, Luiz Felipe
          Terreiro de caboclo: a raiz indígena na Umbanda. / Luiz
        Felipe Ferreira Stevanim. – Porto Alegre: 3.ed BesouroBox,
        2024.
          224 p.; 16 x 23 cm.

          ISBN: 978-65-88737-52-1

          1. Religião. 2. Umbanda. I. Título.

CDU 299.6

Bibliotecária responsável Kátia Rosi Possobon CRB10/1782

Direitos de Publicação: © 2024 Edições BesouroBox Ltda.
Copyright © Luiz Felipe Ferreira Stevanim, 2024.

Todos os direitos desta edição reservados a
Edições BesouroBox Ltda.
Rua Brito Peixoto, 224 - CEP: 91030-400
Passo D'Areia - Porto Alegre - RS
Fone: (51) 3337.5620
www.legiaopublicacoes.com.br

Impresso no Brasil
Julho de 2024.

Luiz Felipe Stevanim

Sob orientação do Caboclo Sete Flechas

TERREIRO DE CABOCLO
A raiz indígena na Umbanda

3ª edição / Porto Alegre-RS / 2024

Dedico este livro à minha mãe, Geni Helena, que me ensinou a ter fé.

A todos os povos originários do Brasil e todos aqueles e todas aquelas que se dispõem a aprender com os Caboclos e as Caboclas no chão do terreiro.

"Ele atirou
Ele atirou e ninguém viu
Só Sete Flechas é quem sabe
Onde a flecha caiu"
(Curimba da Umbanda).

"Nhamandu jogweru
Nhanderu Tenonde oma'ẽ
Nhandexy Tenonde
Nhandere oma'ẽ"

"Nhamandu, o Sol, nasce com seus raios e sua sabedoria
Nosso Pai Supremo olha para nós
Nossa Mãe Suprema olha para nós"
(Cântico Guarani mbya).

Sumário

Prefácio: a sagrada sabedoria da inclusão 13

Apresentação 15

Palavras iniciais: conversa com um Caboclo 19

Abre a gira: coração oferendado a Exu 25

PRIMEIRA PARTE
CAMINHOS ANCESTRAIS: A UMBANDA E A RAIZ INDÍGENA 27

1. "Umbanda, quem somos nós?"
Muitas bandas sob uma só luz 29
Raízes plurais da Umbanda 30
Unidade na diversidade 32

2. "Deixa a gira girar": encantar o mundo
e descolonizar o terreiro 35

3. Quem pisa na terra de Caboclo, torna-se outro:
alteridade e etnocentrismo 39

4. O terreiro é aldeia: chão de acolhimento 43

5. Somos filhos da Terra: Umbanda, natureza e ancestralidade 47

Nhanderu, Nosso Pai e fonte da natureza 48

Seres da floresta 50

Ancestrais na Umbanda 51

6. A raiz indígena está viva: povos de ontem, hoje e amanhã 55

A Terra e seus mil povos 57

A natureza e os seres humanos 60

7. Entidades caboclas: dos encantos da Jurema
aos terreiros de todas as bandas 63

Caboclo: "morador do mato" ou "mestiço"? 64

Caboclos afro-brasileiros: entidades no Candomblé de Caboclos 64

A ciência encantada da Jurema: Mestres e Caboclos 66

Caboclo também é Encantado: o tambor sagrado da Encantaria 67

Caboclo: "aquele que se dispõe a ir" 69

8. A presença dos Caboclos na história da Umbanda 71

Segunda parte
"Ele é Caboclo da banda de lá": Caboclos e Orixás 77

9. As sagradas forças dos Orixás:
vibrações divinas na natureza 79

Os Caboclos e os Orixás na Umbanda 82

10. Caboclos na Umbanda: o que sua força representa? 85

Caboclos: espíritos ancestrais ligados à natureza 87

Os nomes dos Caboclos 88

11. Ogum, o vencedor de demandas 91

12. Oxóssi, o senhor das matas 97

13. Xangô, o rei do fogo e da justiça 103

14. Iemanjá, a mãe das águas do mar 107

15. Oxum, a senhora das águas doces 113
Logun Edé 117

16. Iansã, a força indomável dos ventos 119
Obá 123

17. A família da palha: Obaluaiê, Nanã
e Oxumarê – cura, ancestralidade e renovação 125
Obaluaiê, o senhor da cura 127
Nanã, a mãe ancestral do barro 129
Oxumarê, o senhor do arco-íris 132

18. Oxalá, Divino Pai e Senhor da Paz 135

19. Caboclos de couro e laço:
os Boiadeiros e o poder da condução 141

20. Tempo, Anciões e Crianças: ciclos da vida 147
Tempo novo e tempo antigo: a Ibejada e os Anciões 149

TERCEIRA PARTE
"CANTO E DANÇO PRA CURAR":
RITUAIS E ENSINAMENTOS DE CABOCLOS 151

21. Xamanismo e o despertar da essência:
caminho de cura na Umbanda 153
Umbanda, religião xamânica 155

22. A fumaça sagrada: elo com o Grande Espírito 159

23. Quatro elementos e quatro direções:
forças de equilíbrio e cura 163

24. Lições do fogo: a chama que não se apaga 167
Oração ao fogo sagrado 169

25. O canto sublime das águas: mergulho
na sensibilidade e no encanto 171
Oração às águas 174

26. O legado da terra: alimento e força vital 175
Oração à terra 178

27. Mensagens do ar: a busca pela direção e pela paz 179
Oração à força do ar 181

28. O poder de cura dos animais:
axé e fundamento da Umbanda 183

29. O segredo das folhas: o poder curativo do axé vegetal 189
Ossaim, o curandeiro das folhas 190
Pajelança e cura com ervas 192
Sementes e raízes: a força dos ciclos da vida 193

30. Fragmentos de luz: as pedras e o poder
do reino mineral na Umbanda 195

31. A cura na visão de um xamã yanomami 199

Palavras de Caboclo: mensagens aos filhos da Terra 203

Palavras finais: flechas na Aldeia 215

Cantiga ao Caboclo Sete Flechas 219

Referências 221

Prefácio
A sagrada sabedoria da inclusão

Há um elo entre as culturas remanescentes dos povos originários do Brasil e a tradição sagrada de Umbanda que une o passado e o presente, tanto na dimensão material quanto espiritual, no que se refere à restauração de saberes, valores, ética, compaixão e inclusividade. Os povos originários desde épocas remotas mantêm em seus registros culturais o reconhecimento do elo divino e sagrado que une o ser humano, as forças da natureza, suas entidades e o compromisso do ser humano com cada reino que lhe antecedeu: o animal, o vegetal e o mineral.

A Umbanda, além de reafirmar esses princípios, traz a manifestação de uma sabedoria fundada na simplicidade, na humildade, no serviço e na inclusão. Como nos mostram as notícias que chegam desde os primeiros terreiros, ela nos convida a fazer parte desses compromissos. Estudiosos do assunto, muitas vezes, dão ênfase ao sincretismo característico dela como se isso fosse um fenômeno e o traço particular mais importante, deixando escapar assim que, na verdade, é uma verdadeira e profunda inclusão das mais diversas raízes e grupos de almas e ideias ao Divino Mistério da vida e da existência.

Muita gente acha que, por ser simples, carece de fundamentos, conceitos, ciência e coesão. Nesse sentido, este livro nos apresenta de maneira clara os seus preceitos fundantes e nos dá algumas das chaves mais importantes do seu papel diante de uma humanidade tão diversa, fragmentada e carente de entendimento das coisas do espírito. Ao mesmo tempo, o autor nos revela, inspirado por seus guias e mentores, que essa tradição serve de amparo tanto para aquele que aparentemente não tem nenhum saber quanto ao mais intelectualizado dos humanos; cuidando de feridas da alma, consolando corações, iluminando mentes.

No plano astral e nas moradas espirituais, os Caboclos e demais seres da Umbanda cumprem, além dessa tarefa, a de curar e orientar os caminhantes de passagem entre os mundos. Esta é mais uma das coisas que Luiz Felipe Stevanim nos revela neste precioso trabalho ora disponível para nosso aprendizado.

A figura do Caboclo, palavra cujo significado vai além de seu sentido simplório de raça miscigenada, cumpre a tarefa de ser uma ponte espiritual para reconectar o ser humano com sua própria essência divina, reconhecendo nela a pureza das forças do céu e da terra que a vivificam amorosamente por todo o sempre.

O autor permite-se emocionar e nos emocionar com o fluxo de suas palavras em muitos momentos; desejo que esta obra frutifique expandindo essa missão de levar uma compreensão mais ampla da existência e seu propósito por intermédio dos inúmeros mestres dessa tradição.

Kaká Werá

Kaká Werá é professor, terapeuta e conferencista de origem tapuia. Atua na área da antropologia cultural, especialista na cosmovisão tupi. Autor de oito livros dos quais três traduzidos para o inglês, alemão e francês abordando a temática da sabedoria ancestral e espiritualidade. Ativista e empreendedor social, durante a década de 1990 realizou vários projetos com foco em sustentabilidade ambiental e social com povos indígenas, tendo sido premiado pela Ashoka Empreendedores Sociais. Seu nome – ou "espírito nomeado", como ele mesmo afirma – significa que sua alma veio do leste, *"como neto do Trovão, bisneto de Tupã"*.

Apresentação

Nessas viagens que a vida nos proporciona e nos abençoa com tantos encontros sagrados, cheguei em uma casa, à beira de uma estrada. A porta estava aberta e logo fui recepcionado. Acolhido, já de imediato me senti bem-vindo. Após a entrada, feita de palhas de alguma planta que sabia ser sagrada, vi um grande salão. Homens e mulheres sentados em troncos, redes e cadeiras, crianças brincavam e faziam do ambiente uma festa. Cada um podia ali escolher a forma de se achegar.

Ao ser convidado a participar, me chamou a atenção um senhor muito alto, de pele cobreada, cabelos escuros e voz rouca muito amistosa. Todos se dirigiam a ele com reverência e gratidão. Sabia, era o dono da casa. Pedi licença e logo me prostei, bati a cabeça ao chão e tomei bênçãos. Com sorriso largo, de quem sabe mais que todos nós, aquele senhor, jovem, mas sábio, me convidou para ali permanecer. Olhei atento em volta, e tudo me trouxe paz, amor e acolhimento. Decidi ficar ali, em um canto, observando e sentindo as emanações que brotavam da terra, do ar e do coração daquele chefe. Suas palavras carregavam axé, mas mais que as intelectualizar ele me convidava a sentir na alma a verdade do que se dizia.

Sentia-me parte de cada um ali, das árvores que ornamentavam, das ervas que floresciam, do pequeno arroio que dali nascia. Éramos muitos, diversos e plurais, mas sentia-me participante de tudo, interconectado. E esse era apenas um dos ensinamentos daquele mestre. Ao mesmo tempo que ele não parava de contar histórias, inspiradoras diga-se, me disse em pensamento: "Salve, como já deve saber sou o Caboclo 7 Flechas".

Eu o saudei mais uma vez e, sem tempo a perder, me curvei para agradecer a oportunidade. Bem perto daquele altivo e portentoso indígena de tantas tradições, um jovem, com rosto cheio de felicidade olhava admirado para o Caboclo. Vi que se tratava de um sacerdote, todo de branco, coração em paz e com muita vontade de aprender e de servir. Bastava um olhar de Seu 7 Flechas que o sacerdote já cumpria o pedido. De bloco na mão, anotava tudo com a pena, mas gravava mesmo era no coração.

Estava em uma casa santa, uma casa de Caboclo, aliás, era uma aldeia, uma aldeia de luz. Levantei-me e sem atrapalhar fui até o sacerdote, pedi bênçãos. Era Pai Luiz Felipe Stevanim. Dali ele me contou com entusiasmo e carinho que queria colocar aquele aprendizado todo em um livro, em páginas escritas para que todo aquele manancial de saberes não ficasse esquecido, ou exclusivo aos sortudos que lá chegavam na casa da beira da estrada. Eu sorri, feliz e contente, afinal, a Umbanda carece demais desses saberes, de conectar-se e entender seus ancestrais. Muito mais ainda, posso assegurar, de saberes dos povos originários, os donos de nossa terra. Contente, voltei para o meu canto, imaginando como seria uma dádiva termos livros que abordassem as raízes de nossa religião, que tirassem os estigmas e arquétipos fantasiosos sobre as origens e a fé dos povos originários.

Logo, surgiu das mãos de Pai Luiz Felipe um livro, um conjunto de reflexões, de fundamentos, de histórias. É este livro que hoje chega às suas mãos. A Umbanda cresce com esses saberes, os povos que nos dirigem da aldeia de Luz do Juremá se felicitam. Este livro que você abre hoje, com certeza, abrirá seus olhos da alma para louvar, agradecer e entender como a Umbanda carece e precisa se reencontrar com os povos originários. Ser e viver com essa proposta de bem viver dos povos naturais.

Mais abençoado ainda, fui convidado a escrever uma pequena apresentação, que aqui faço com gratidão e contentamento. E assim, rezo para que cada luz em forma de letra inspire a todos nós, umbandistas e espiritualistas, sobre a importância de lutar, resistir, louvar os Orixás, Caboclos e Caboclas, pois sem honrar seus descendentes, sem cuidar e zelar pela natureza deste continente, não compreenderemos que cada árvore, que cada vento, cada rio ou montanha é viva, é de Pai Nhanderu, de mãe Nhandecy, e nós somos passageiros, somos hóspedes, e não donos.

O livro inspira, constrói narrativas que demonstram um legado inimaginável para todos e todas que queiram viver em harmonia, em paz, em bem viver. A porta dessa casa é a capa do livro, e todas as páginas são horas, vidas, povos que sempre pertenceram ao Brasil e hoje nos convidam a sermos partes desse chão sagrado, da Amazônia aos Pampas, da Mata Atlântica ao Cerrado, do Pantanal ao Agreste. Não há uma pedra e um grão de areia que não tenha uma história dos indígenas, dos povos originários, dos donos da terra. E elas se convergem em letras que bebemos felizes neste livro de Pai Luiz Felipe.

Fiquei ainda mais tempo, o máximo que pude, afinal quando teria a oportunidade de beber de tantos povos sábios? Como compreender a magia do fogo, do ar, da terra? Como entender a força dos pajés? Das ervas então? Sorte, pensei, teremos o livro e poderemos beber dessa fonte tantas vezes quanto quisermos!

Por ali fiquei, observando, escutando ao som de pontos, maracas, rezos (práticas de rezas dos povos originários) e pisadas. Vi ervas sendo manipuladas, explicadas as funções, vi o culto dos seres de pé, as sagradas árvores, ancestrais de todos nós. Vi pessoas sendo curadas, almas tocadas, família que crescia. Caboclas e Caboclos ali entoavam mantras ancestrais, integrando-se à natureza enquanto as fumaças desenhavam as formas de Deus. Uma cachoeira de saberes e de axés.

Quanto mais tempo ficava, mais queria saber, aproveitar, curtir cada letra de cada palavra, cada sentido de cada frase. Compreender a força, o fundamento e a raiz de uma casa de Caboclo. Um terreiro de Caboclo. Lembrei-me de um ponto que cantamos em todas as giras da nossa casa antes do início dos trabalhos: "Gira, gira dos Caboclos, sem sua gira eu não posso trabalhar, assim, assim na fé de Oxóssi, meu Pai, sem sua gira eu não posso trabalhar". E encantado, só podia dizer: "Sem Caboclo não tem axé, sem a história desses povos, sem os saberes, sem a relação desses mestres com a natureza, sequer podemos pensar em fazer uma religião de compaixão e integração com os seres das matas, dos rios ou das montanhas. Sem a raiz indígena não há Umbanda!"

Após essa reflexão, chego ao final da conversa, feliz por poder adentrar em saberes tão encantadores e cheios de fundamento. Percebo que saí daquele salão mais pronto para exercer a fé, mais cheio de fundamentos para cumprir a missão de ser sacerdote de Umbanda. Bato minha cabeça, peço bênção: obrigado, Seu 7 Flechas! Obrigado, Pai Luiz Felipe, que nossos terreiros de Caboclos tenham sempre a dádiva de um povo tão cheio de amor, perdão e paz.

Que este livro traga a você, leitor, leitora, um grande portal para sempre buscarmos os fundamentos, com alegria e leveza, de nossa religião. Umbanda é um terreiro de Caboclo! Seja bem-vindo à casa da beira da estrada de Pai Caboclo 7 Flechas, o Terreiro de Caboclo. Boa leitura!

Pai Caetano de Oxossi
Dirigente do Terreiro de Umbanda Luz, Amor e Paz (TULAP) e autor dos livros *Jornada de um Caboclo* e *Ecos de Aruanda*, publicados pelo selo Legião Publicações.

Palavras iniciais:
conversa com um Caboclo

"Aqui nessa Aldeia
Tem um Caboclo que ele é real
Ele não mora longe
Mora aqui mesmo nesse canzuá."

Quando adentro a dimensão dos sonhos e caminho com as estrelas, ouço um assovio longo que me leva até uma clareira na mata, onde avisto alguns vultos em torno da fogueira. O crepitar das chamas aquece meu coração, afugenta o medo e, como uma alma desperta por cânticos ancestrais, contemplo a imagem de um guerreiro indígena que se destaca na roda. É um homem de meia-idade, que me observa com olhos imperturbáveis e o semblante terno, porém sisudo e silencioso. Traz um cocar sobre sua cabeça, com uma pena de gavião descendo pelos cabelos. Nos lábios, um pequeno bodoque. O torso nu, com a pele pintada com jenipapo.

Essa imagem preenche minha mente em um único instante e fica gravada em meu ser, ao mesmo tempo que escorre pelos dedos como água. Irei me recordar dela ao despertar? Em meio ao silêncio da mata, só se ouvem os cânticos entoados pelos espíritos em volta do fogo, mas de nenhum deles consigo enxergar a face. Os olhos do guerreiro indígena permanecem pousados sobre mim sem que ele diga uma palavra, mas ao mesmo tempo sua postura emana força e cumplicidade, como se me acolhesse com um abraço. Comovido, eu abaixo a cabeça em reverência e pronuncio:

– A bênção, Pai!

Sei que ele aguarda minha pergunta, pois foi o que me trouxe até ali, e ele sabe o que se passa em meu coração. Há muitas luas anseio pela oportunidade de estar diante daquele que me guia em minha travessia pelo mundo, para tentar compreender o vínculo espiritual que nos une. Tantas vezes duvidei até mesmo que ele existia, tive medo de ser uma ilusão. Como provar aquilo que escapa aos olhos? Ele me sorri e, erguendo suas mãos, me abençoa. Sinto como se recebesse uma rajada de amor e, então, pronuncio as palavras:

– Pai, de onde vêm as minhas raízes?

O piado agudo de um pássaro corta o silêncio da floresta, e uma cobra-coral desliza pelo chão. Então, não vejo mais a imagem do guerreiro e sim a de uma onça-parda que me observa fixamente. Ela se aproxima de mim como se espreitasse a caça, com passadas lentas e calculadas. Sinto o bafo quente de sua respiração quando ela cheira meu rosto, captando a vibração de todo o meu corpo, até virar as costas e submergir na mata da mesma forma como surgiu. Não tenho tempo de segui-la, pois, num instante, toda a imagem se desfaz, e eu desperto do sonho no silêncio da madrugada.

***

Ainda era um menino, prestes a me tornar adulto, aos 17 anos, quando deixei a vida no campo e me tornei um habitante da cidade. Filho de pais agricultores, era tempo de estudar, e eu desejava encontrar o mundo com o qual me deparava nos livros. A mudança para um centro urbano não foi uma ruptura definitiva, pois o vínculo com a Mãe Terra permaneceu vivo dentro de mim. Em minha memória, continua nítido o dia em que fui até a mata onde costumava passar longas horas no intuito de me despedir. Era um final de tarde, e o silêncio da floresta parecia falar. Eu não vi o Caboclo Sete Flechas nesse momento, sequer sabia que ele existia, mas hoje entendo que ele estava ali. Ele era o farfalhar das folhas que escutava a minha prece, o piado do gavião-caboclo ou a brisa fresca do cair da tarde. Naquele entardecer, eu disse à mata: "Até algum dia!"

Meus caminhos na cidade me levaram à Umbanda, religião que me trouxe de volta às raízes ancestrais buscadas por meu espírito. Aprendi o sentido do amor e da fraternidade com os Caboclos e os Pretos Velhos, a sorrir com as Crianças e a confiar na companhia constante de Exus e Pombagiras. Era como se tudo fizesse sentido, pois reencontrei algo que já existia dentro de mim, despertando a essência que me ligava à Mãe Terra e ao Pai Criador, pelas mãos de Oxum e Oxóssi. Com o Caboclo Sete Flechas, conheci os ensinamentos da espiritualidade indígena, bem como sua maneira de enxergar todos os seres da natureza como irmãos e de buscar a cura por meio do equilíbrio entre o ser e as forças sagradas do Universo. No entanto, o que eu, um simples humano, um homem socialmente classificado como branco, imerso em todas as limitações de nossa sociedade, poderia desejar de um espírito ancestral indígena?

Sempre louvei e reverenciei a raiz indígena. Sentia a força dos Caboclos, mesmo antes de conhecê-los na Umbanda, ou de me tornar afilhado de Seu Cobra-Coral e médium de Seu Sete Flechas. Era como se sentisse em meu coração que eles estavam por perto, com seus animais, suas ervas e seus cânticos para curar. Contudo, ainda me acho tão pequenino diante da grandeza e da força dessa raiz que ajudou a originar a Umbanda. Tudo o que eu faço é pouco para honrar a beleza desse mistério. Por isso, pedi permissão ao meu Pai, Caboclo Sete Flechas de Luz, para iniciar uma jornada ao encontro dos ensinamentos dos Caboclos e das Caboclas na Umbanda. O propósito é buscar as flechas que cruzam os terreiros, geram encantamento, reforçam vínculos comunitários e despertam o equilíbrio e a transformação interior.

A Umbanda é terra de Caboclo, religião nascida do encontro entre os saberes indígenas e africanos, com influências também de concepções cristãs, sobretudo da mensagem de amor ao próximo. Reverenciar uma raiz não significa excluir as outras, pois a Umbanda é religião inclusiva, plural, de cruzamentos e baseada no espírito do acolhimento. Umbanda é Aldeia. E quem são os Caboclos nessa gira?

Caboclos são espíritos ancestrais da terra brasileira que irradiam a essência vibratória das forças da natureza, às quais chamamos de Orixás. Eles são uma das bases sustentadoras da Umbanda, assim como os Pretos Velhos, mas não existem apenas nessa religião: antes de chegar à seara umbandista, as entidades caboclas já baixavam na Jurema Sagrada, na Encantaria e em outras tradições afro-indígenas-brasileiras. No entanto, a Umbanda apresenta um olhar específico sobre esses guias, pois eles nos trazem os ensinamentos da ancestralidade indígena e nos falam sobre a necessidade de viver em equilíbrio com a natureza.

Este livro é uma pequena contribuição para entender quem são os Caboclos e as Caboclas sob o olhar da Umbanda. Para isso, bebe no rio de suas histórias; observa, com atenção e respeito, suas formas de atuação nos terreiros; e reflete sobre suas vibrações no mundo espiritual. A primeira parte é um mergulho na raiz ancestral indígena até a vinda das entidades caboclas para a Umbanda. Tal busca é como dançar em torno da fogueira que representa o Avô Sol para invocar a presença desses guias e mensageiros. A segunda parte aborda a relação dos Caboclos com os Orixás e como eles fundamentam o trabalho espiritual nas vibrações primordiais da natureza. Por fim, a terceira e última parte é um canto de louvor às histórias e aos ensinamentos absorvidos nos terreiros de Umbanda por meio das palavras formosas (*nhe'ẽ porã*) desses espíritos que reverenciam a ancestralidade indígena na terra brasileira.

Vivemos um tempo de desencanto, em que o humano se coloca cada vez mais distante da natureza, enxergando-a apenas como fonte de recursos a serem explorados, diante do predomínio dos interesses do ter sobre os valores do ser. Deixamos de compreender as mensagens transmitidas pelo tempo, pelo fogo, pela água, pelo ar e pela terra, bem como de colher as dádivas de cura ofertadas por nossos irmãos vegetais, minerais e animais. Para a Umbanda, esse afastamento das espiritualidades naturais e ancestrais significa a morte do axé ou o fim do encanto — nossos rituais são carregados de sentidos potencializados pelas vivências em simbiose com os seres naturais e espirituais. Que Exu nos livre dessa morte em vida!

É tempo de mergulhar nos sonhos e reencantar o mundo, em busca das flechas ofertadas pelos Caboclos em conversas em volta da fogueira, no centro da mata, no cimo das montanhas ou na beira dos rios. É chegada a hora de descolonizar os terreiros e louvar a ancestralidade indígena e africana que vive em nós. Essa é a Umbanda que nos ilumina como reflexo do Divino Pai. Por meio da jornada proposta por este livro, buscamos responder à pergunta feita ao Caboclo sobre nossas raízes. Afinal, são as raízes que sustentam a árvore.

Okê, Caboclo!

Saravá! Axé! A bênção!

Aguyjevete!

Boa leitura!

Luiz Felipe Ferreira Stevanim
Minas Gerais e Rio de Janeiro, 2021

Abre a gira: coração oferendado a Exu

"A sua casa não tem parede
Não tem janela e não tem nada
Onde é, onde é que Exu mora?
Exu mora nas encruzilhadas!"

No começo de tudo, reverenciamos Exu. Sem ele, não se cria, não se caminha, não se festeja, não se tem boa sorte, não há prosa nem poesia. Exu é o abrir dos olhos e dos caminhos, o primeiro estalar de dedos, o primeiro raio de sol da manhã e a primeira sombra derramada sobre a noite. O canto do galo que corta o silêncio da madrugada traz o anúncio: Exu está de sentinela na porteira, pelas vielas, encruzilhadas e esquinas, no breu da noite e na Calunga pequena. Senhor dos contraditórios, ele é o sim, o não e o talvez. O ontem, o hoje e o amanhã. Dono da terceira cabaça, ele nasce dos encontros cotidianos e das descobertas imprevisíveis da vida. Morador das encruzilhadas, a ele demonstramos respeito e gratidão e pedimos que nos propicie o sentido da comunicação na travessia que iniciamos.

Exu bagunça para ordenar: dizem nos terreiros que ele endireita o torto e entorta o que está direito. Que ele nos ajude a embaralhar nossos pensamentos e nos tire do comodismo, da posição confortável, da certeza de que já sabemos o suficiente. Que livre as nossas vistas do preconceito, da arrogância e das falsas certezas. Só com a dúvida poderemos mergulhar no novo e redescobrir quem somos nós. Só assim poderemos ouvir os recados da espiritualidade, compreender a mensagem da Mãe Terra e reencontrar as raízes de nossa ancestralidade. Essa é a cura que buscamos para nossa alma: o desejo de encantar o mundo. O caminho pode ser difícil, mas não estaremos sós. Que Exu e Pombagira sejam companhia na travessia.

Nossa oração é coração oferendado a Exu, "cooração". Aqui, oferecemos a joia mais preciosa – aquela que nos permite viver – em sinal de humildade e reverência: no fundo, é tudo o que temos, pois os bens materiais, a vaidade e o orgulho de nada nos servem perante a Calunga. Só nos resta a vida, o encanto e a fé, que ofertamos com gratidão. Essa é a prece que fazemos juntos, pois Exu vive em nós, e nós caminhamos com ele. O galho em que pisamos balança, mas não cai. Enverga, mas não quebra. É madeira que cupim não corrói. É chão que fundamenta.

Que o senhor das encruzilhadas nos possibilite o aprendizado necessário e nos conduza com proteção pela travessia.

Salve, o mistério de Exu e Pombagira!

Salve, Seu Sete Catacumbas da Calunga Pequena, meu guia e amigo!

Salve, Dona Maria Mulambo da Ribeira, mestra de muitas vidas!

Salve, todos os Exus e Pombagiras da Lei de Umbanda, guardiões de nossa Aldeia!

Laroyê! Mo júbà! A bênção!

"Exu pisa no toco
Exu pisa no galho
O galho balança, Exu não cai
Ô ganga
Ê Exu
Exu pisa no toco de um galho só."

PRIMEIRA PARTE

Caminhos ancestrais: a Umbanda e a raiz indígena

1
"Umbanda, quem somos nós?"
Muitas bandas sob uma só luz

"Foi na Umbanda que eu nasci
Foi na Umbanda que eu cresci
Oi, Caboclo, saravá a sua pemba
Oi, Caboclo, saravá o seu congá."

Foi numa tarde serena, em torno de uma roda de cura e meditação, que o Caboclo Sete Flechas nos disse que a Umbanda é como uma casa construída na beira da estrada, sempre pronta a acolher os peregrinos que batem à porta. Alguns chegam para pernoitar e descansar os pés feridos da longa travessia. Outros pedem um pouco de água e comida e logo seguem adiante. Há também aqueles que adentram a casa, ouvem as histórias contadas pelos mais velhos, sentam-se para brincar com as crianças, lavam seus corpos feridos em águas abençoadas e vão se deixando ficar, com o coração transformado pela acolhida. Logo se oferecem para cuidar do jardim, varrer o chão e preparar a comida para os novos visitantes que chegam no silêncio das noites de frio ou chuva.

A Umbanda é uma casa sempre aberta a quem chega. É uma aldeia que aprendeu com os Caboclos a acolher sem julgar e a restaurar as forças de quem precisa com o bálsamo da cura. Nem todos permanecem, mas todos recebem o alimento da casa: a luz do Supremo Criador, representada pelo Divino Pai Oxalá. Essa casa em que todos são bem-vindos formou-se do encontro entre diferentes religiosidades.

Ela surgiu do enlace entre as espiritualidades africanas e indígenas, que têm em comum a busca pelas forças da natureza como expressão do sagrado. Cultuamos espíritos ancestrais que se manifestam em terra rememorando figuras excluídas ou colocadas à margem da sociedade, como Pretos Velhos, Caboclos, Crianças, Exus e Pombagiras, Ciganos, Boiadeiros, Marinheiros e Malandros. Ela também se inspira na mensagem original de Cristo, sobretudo em seus ensinamentos sobre o amor universal, e dialoga com outras maneiras de enxergar o sagrado, como as visões trazidas pelas religiões orientais e pelos ciganos.

A Umbanda, portanto, é espaço aberto ao diálogo. Ela conduz à mudança interior por meio do encontro com nossa essência espiritual, em comunhão com a natureza, que é expressão maior do Criador. O despertar da consciência não ocorre de modo isolado, mas na vivência coletiva e fraterna em uma comunidade de terreiro. O terreiro é o chão que fundamenta e nos convida ao encontro com as sagradas forças da natureza que habitam dentro de nós.

Raízes plurais da Umbanda

Da tradição nagô-iorubana, herdamos a compreensão de que os Orixás são expressões do Criador na natureza (ao qual chamamos de Olorum, Zâmbi ou Nhanderu). Com os bantos, um vasto conjunto etnolinguístico no Centro-Sul da África formado por centenas de grupos, que correspondem a mais de 70% dos africanos trazidos ao Brasil durante os séculos de escravização, incluindo os angola-congoleses e os moçambiques, aprendemos a cultuar os ancestrais (*Bakuro*) e absorver seus ensinamentos. A palavra "Umbanda" vem da língua quimbundo, de matriz banto e falada em Angola, e diz respeito à "arte de curar" (*embanda* ou *m'banda*). Quem a praticava era o curandeiro que invocava os mistérios da natureza e a força dos espíritos para aliviar o sofrimento dos seres humanos da Terra.

Na cosmovisão da Umbanda, isto é, na maneira como a religião enxerga o Universo, cada Orixá está ligado a um reino sagrado, como o mar, o fogo, o ar, o vento, a terra, as matas, as águas doces, as fontes e os pântanos. Cada uma dessas energias primordiais, que são emanações do Criador, está presente dentro de nós em maior ou menor intensidade, como uma centelha divina: não estamos separados, mas em sintonia com as forças do Universo. O propósito da Umbanda é despertar, cultivar e curar a nossa essência, com o auxílio de espíritos ancestrais que atuam como mediadores das forças naturais e se apresentam nos terreiros como Pretos Velhos, Caboclos e diversas outras linhas de trabalho.

No entanto, não podemos nos esquecer que esse amálgama cultural que deu origem à Umbanda, em que se misturaram ingredientes nagôs-iorubanos, bantos, cristãos e até mesmo de outros povos africanos, surgiu em terras brasileiras, com profunda influência das espiritualidades dos povos indígenas e de sua maneira de enxergar os mundos terreno e espiritual. A Umbanda cultiva e faz florescer o elo com a Mãe Terra e com os seres que habitam as matas, os rios, o vento, o trovão, o fogo, os seres da chuva, os ancestrais animais, os vegetais que curam e as pedras que falam e vibram. Ela afirma a sintonia com as tradições legadas pelos cerca de mil povos indígenas que habitavam o Brasil antes da colonização: herdamos muito de sua maneira de pensar, dançar, curar e celebrar a vida.

A Umbanda nos ensina o amor à natureza: somos filhos e filhas da Mãe Terra, netos do Sol e da Lua, descendemos dos rios e das montanhas e habitamos o mundo ao lado de nossos irmãos animais, vegetais e minerais. É por intermédio da natureza que cultuamos nossas espiritualidades, pois cada recanto natural ou ponto sagrado de força é considerado um elo potencializador de cura e equilíbrio. Com sua dança, os Caboclos e as Caboclas trazem práticas e saberes xamânicos, sem que a maioria de nós se dê conta, e rememoram tradições que se apagaram na longa noite do tempo.

A Umbanda é brasileira, ao mesmo tempo em que é indígena, africana, cristã e filha de muitas outras vertentes, devendo ser considerada uma religião afro-indígena-brasileira, em honra às nossas raízes ancestrais e às forças que nos permitiram chegar até aqui. Há terreiros com mais influências indígenas ou africanas, e ainda aqueles que se aproximam mais do espiritismo de matriz kardecista ou do catolicismo. No entanto, jamais podemos dizer que uma vertente é melhor ou pior do que a outra: nada justifica pensar que uma Umbanda com mais características africanas ou indígenas é mais primitiva, menos evoluída e de "menos luz", ou que uma vertente com mais influências espíritas é uma prática sem raízes ou fundamentos. Isso é apenas fruto de preconceito que enfraquece a riqueza e a diversidade das muitas bandas.

Unidade na diversidade

Entre os que estudam ou se dedicam a conhecer a Umbanda, existe muita discussão sobre quando e como ela teria surgido. Um de seus marcos mais importantes é a organização dada pelo Caboclo das Sete Encruzilhadas, por meio de seu médium, Zélio Fernandino de Moraes, a partir do ano de 1908: o Caboclo foi um dos espíritos encarregados de anunciar a religião e organizar seus princípios e suas características. No entanto, outras práticas semelhantes àquilo que hoje compreendemos como Umbanda já ocorriam antes de Zélio, desde o início da diáspora africana e do encontro com os saberes indígenas. São muitas bandas sob uma só luz: muitas origens e muitos caminhos, mas uma única direção irradiada pelo Divino Criador. Falaremos dessa questão mais adiante.

A Umbanda é uma crença de liberdade e autonomia que nos convida a romper com as nossas próprias prisões. Ela é religião de amor, acolhida, escuta e inclusão. Reacende o vínculo com o Sagrado Feminino, por meio da força das Yabás e das Pombagiras. Reverencia figuras que representam as bordas e margens da sociedade, como Malandros, Marinheiros e Exus. E aprende com aqueles que são a base formativa da cultura brasileira, como Caboclos e Pretos Velhos. Por meio da Umbanda, a espiritualidade parte das marginalidades existentes na sociedade, reinventa o encanto e restaura o elo com a natureza.

É tão difícil sintetizar e explicar o que é a Umbanda quanto descrever as múltiplas faces de um povo. Isso talvez se dê pela ausência de uma identidade única, preestabelecida e guardada em livros e dogmas. Cada terreiro possui práticas e saberes próprios, sem que um esteja errado e o outro certo. No entanto, é possível encontrar uma unidade na diversidade, que está na luz divina que se reflete em todas as bandas. São princípios ou ensinamentos essenciais:

• o amor à natureza, por meio da qual buscamos nos ligar ao Criador;

• a vivência da fraternidade, da caridade e do sentido de comunidade (terreiro);

• a busca do aprendizado e da transformação interior, pelo despertar da consciência, com a orientação amorosa de espíritos ancestrais de luz – que atuam como nossos guias.

A Umbanda é uma religião simples para gente de coração simples. Não significa que seja simplista ou limitada: ao contrário, possui uma riqueza e uma diversidade de práticas e saberes decorrentes das matrizes das quais se originou e da identidade própria forjada no dia a dia dos terreiros. Umbanda é crença de amor à natureza e aos seres que habitam os seus reinos. É um culto à sagrada força dos Orixás, que são as energias primordiais do Universo, por meio dos quais nos ligamos ao Criador, mas que se difere do Candomblé, não por ser melhor ou pior, simplesmente por ter características distintas. É religião de pé no chão, em que vestimos o branco de Oxalá e aprendemos a respeitar o tempo de cada ciclo da natureza, como nos ensinam nossos ancestrais indígenas e africanos.

Umbanda é cura e transformação. São muitas e uma só. Quando se fala em unidade na diversidade, é comum que se diga que ela é a ligação entre o Um e a Banda: o todo que vive em cada ser e cada ser que se integra ao todo. Com humildade e partilha, aprendemos a ser mais fortes porque estamos juntos na mesma caminhada, seja pela fraternidade que existe em uma comunidade de terreiro, seja pela vibração emanada das forças da natureza. Como diz um provérbio africano, "eu sou porque nós somos". Assim como a própria Umbanda, nós somos um e somos muitos.

2
"Deixa a gira girar": encantar o mundo e descolonizar o terreiro

"Caiu uma folha na Jurema
Veio o sereno e molhou
Mas depois veio o sol
Enxugou, enxugou
E a mata virgem
Se abriu toda em flor."

O som do atabaque, a vibração das palmas, o cheiro dos banhos de ervas, os sabores da cozinha de santo e a alegria da dança são experiências de encantamento. No terreiro, saímos de uma realidade limitada e sufocante e aprendemos a inventar novo mundo, com laços comunitários mais autênticos e vivências concretas de amor e partilha. Encantar-se é tornar-se canto e poesia: passamos a viver nas folhas, na terra e nos rios, assim como os seres da mata, das águas e do vento vivem em nós. Quando vêm de Aruanda e de outros recantos espirituais, as entidades de Umbanda, como Caboclos e Pretos Velhos, oferecem-nos a oportunidade de olhar o mundo com outros olhos: e esse ato é profundamente transformador para o nosso ser.

O aprendizado nos terreiros ocorre em nossos próprios corpos e, por isso, fica gravado na pele que arrepia, no coração que acelera, na boca que experimenta e fala, nos pés descalços que dançam. É um aprendizado sensorial, que envolve o despertar das emoções. As lições ficam gravadas na alma, não apenas na razão. Não dá para explicar, apenas sentir. Não dá para racionalizar, apenas viver. Quantas vezes chegamos cheios de aflições e perguntas e, diante de uma sábia Preta Velha, recebemos um abraço silencioso que nos diz mais que mil palavras? Quem nunca esteve confuso e sofrido e encontrou no olhar sereno e penetrante de um Caboclo a chama para alimentar a alma?

A Umbanda nos ensina pelo sentir. E esse saber não é deste mundo. Ou melhor, vive oculto neste mundo: na seiva vegetal, no pulsar da vida animal, na vibração mineral, na voz do mar e no murmúrio do vento, que tantas vezes deixamos de perceber por vivermos em uma sociedade cada vez mais apressada e em que tudo se torna mercadoria. O mundo colonizado pela sede de lucro afasta-nos de nosso próprio ser, dos vínculos com a natureza e seus moradores espirituais, mensageiros do Grande Criador.

Viver a Umbanda de verdade é descobrir a experiência do encantamento. Em algumas tradições religiosas afro-indígenas-brasileiras, a palavra "encantado" é usada para se referir a uma entidade que superou a morte: ao invés de morrer, encantou-se na praia, num pé de laranjeira ou num rouxinol. Na Umbanda, essa ideia de "encantamento" diz respeito a todas as relações que estabelecemos com as forças sagradas da natureza, que são parte de nós e nós parte delas. Cada entidade traz o encanto dos reinos sagrados – em danças, palavras, gestos, em suma, em toda a sua vibração. Ao mergulhar no fluxo de sentimentos, nós mesmos podemos nos encantar: abrir os olhos da alma e experimentar o mundo de outras maneiras.

No entanto, essa jornada exige de nós o rompimento com alguns valores deste mundo, como o individualismo e a concepção de que a natureza é um mero objeto a ser explorado pela ganância humana ou fonte de recursos para satisfazer nossas necessidades. A água, a floresta, a terra e o ar são usualmente convertidos em mercadorias e assim negociados, quando, na verdade, são dotados de existência espiritual da qual depende nossa própria vida e espiritualidade. Essa é uma lição que Ailton Krenak (2019) oferece a partir dos saberes ancestrais indígenas: para os Krenak, o Rio Doce é chamado de *Watu* ("nosso avô"), enquanto em nossa sociedade é visto apenas como um recurso a ser explorado e, quando não servir mais, pode ser descartado ou destruído. Os valores do individualismo e da dominação estão de tal maneira entranhados em nosso cotidiano que somos levados a reproduzi-los nos terreiros, ainda que em absoluto desacordo com os ensinamentos transmitidos por Pretos Velhos, Caboclos e outros guias.

A espiritualidade indígena e seus vínculos com a Mãe Natureza (*Nhandexy*) estão presentes na raiz da Umbanda, porém, cada vez mais, nos afastamos desse modo de enxergar o mundo por conta de uma visão "colonizada" da religião. O espírito é separado da natureza e não compreendido como fruto e parte dela. Preferimos adotar visões e perspectivas vindas de fora, estranhas a nós, mas que são tidas como mais intelectualizadas e evoluídas, apagando as memórias africanas e indígenas. Acreditamos que o ser humano é o centro do Universo e imaginamos Deus à nossa "imagem e semelhança". Nessa concepção, não há espaço para seres que fujam à racionalidade que tudo quer explicar e dominar. A busca pelo progresso e pela evolução enxerga as religiosidades dos povos originários como "simplistas" e "limitadas" – só serve o que vem com tintas de sofisticado e "culto", considerado mais "evoluído".

Além de encantar o mundo, precisamos descolonizar os terreiros. Essa colonização da Umbanda, principalmente pelo olhar espírita, nega as espiritualidades indígenas e africanas. Imaginamos que os espíritos vivem em colônias no Astral que reproduzem as metrópoles da Terra, inclusive as desigualdades e a remuneração para aqueles que se "saem melhor" – até no mundo espiritual, continuamos escravos da obrigação do "bom desempenho"! Os seres da natureza estariam aqui para nos servir: o ser humano é visto como o topo da cadeia evolutiva, acima de minerais, vegetais e animais, atrás apenas dos "seres angelicais" em direção aos quais estaríamos "evoluindo" na permanente jornada de progresso.

A persistência desse olhar colonial na Umbanda explica tudo pela razão, com base numa visão positivista e evolucionista dos seres, importada, principalmente, da Europa. É como se a espiritualidade pudesse ser colocada em "caixinhas", em esquemas fixos, diante de nosso desejo de tudo dominar e racionalizar. Quem nunca ouviu que o uso de fumaça, bebida e oferendas é considerado um costume "primitivo" e "menos evoluído", porque os espíritos de luz não "precisam" disso? Quem já não se deparou com a tentativa de explicar os rituais umbandistas pelo olhar da doutrina espírita? Essa colonização ainda presente na Umbanda revela a dominação tanto de alguns seres humanos sobre outros (que são colocados em posição subalterna, por serem considerados "menos evoluídos" ou "primitivos") e dos seres humanos sobre a natureza, compreendida como mero objeto.

Com isso, nós nos esquecemos de que somos filhos e filhas da Mãe Terra, frutos dos mistérios divinos, que estão muito além de nosso entendimento. O humano não é o centro do Universo. Somos uma parte e estamos em comunhão com o todo, mas o todo está muito além de nós. A Umbanda é fruto de uma espiritualidade inclusiva. Nela, cabem todos os saberes e todos os seres. Nossa cosmovisão abrange tanto o humano quanto o não humano ou o além humano: como minerais, vegetais, animais e os seres variados que habitam o mar, os rios, as matas, as pedras, a terra, as estrelas, o ar, o vento, o fogo e o infinito. Não dá para entender ou explicar tudo. A Umbanda não se limita aos olhos da razão que tudo quer colocar dentro de esquemas baseados na lógica e não pode ser compreendida por doutrinas trazidas de fora. Ela deve ser vivenciada por ela mesma, com amor, comprometimento e entrega.

Cada folha que cai no chão é dotada de força. Os cânticos rituais despertam a essência que mora em sua seiva – e assim ela é capaz de curar, equilibrar ou alimentar. O que parece uma simples folha conversa com a nossa alma: por meio dela, ouvimos a voz de Oxóssi, de Ossaim, dos Caboclos da mata, das Caboclas das águas, dos elementais, encantados e de todos os seres além de nossa imaginação. Eles são a voz da floresta. Essa é a experiência do encantamento, a mesma que sentimos quando incorporamos um Caboclo ou outro guia de Umbanda. A gira tem uma magia que fala ao nosso coração e transforma o nosso ser.

Como nas palavras de MC Kunumi (Owerá), rapper e escritor do povo Guarani Mbyá: "A terra não é nossa. Nós que somos dela".

3
Quem pisa na terra de Caboclo, torna-se outro: alteridade e etnocentrismo

> "Pisei na terra de Caboclo
> Eu abalei o Juremá
> Foi Itanajé
> Ou então Abiocá."

Nos terreiros de Umbanda, o brado de Caboclo é um chamado para despertar a alteridade. Ao receber os espíritos dos ancestrais indígenas em nossos corpos, ouvir os seus conselhos e dançar ao som do maracá, acordamos as raízes que ficaram esquecidas no tempo, mas nem por isso deixaram de existir em nós. Quando o Caboclo pisa no terreiro, ele traz consigo outro olhar sobre o mundo, e nós, filhos e filhas de Umbanda, somos convidados a também enxergar a vida, a natureza, o tempo, as relações com os outros seres humanos e os seres que habitam o planeta a partir desse outro modo de ver, pensar, sentir e existir.

O legado dos filhos da Terra foi negado, destruído e rejeitado ao longo dos séculos da colonização cotidiana, que se iniciou com o "descobrimento" e a invenção de um país que, na realidade, já existia como a "terra de mil povos", como nos ensina Kaká Werá Jecupé (2020), em obra clássica publicada originalmente em 1998. O que por séculos chamamos de "descobrimento" foi invasão, genocídio e apagamento das memórias e das culturas dos povos indígenas. Eles tiveram sua existência negada pelo extermínio concreto e simbólico, por meio de doenças e guerras e ao serem obrigados a abandonar os vínculos com a sua própria espiritualidade. Ainda hoje, a voz e o direito desses povos são apagados cotidianamente, e assim os verdadeiros donos da Terra são expulsos de seus territórios. Somos filhos dos Tupinambá, Guarani, Xavante, Kariri-Xokó, Fulni-ô, Xucuru, Maxakali, Terena, Tukano, Pataxó, Nambikwara, Kaingang, Yanomami e sequer reconhecemos essa herança.

Viramos as costas para os povos indígenas. Mesmo dentro da Umbanda, em que recebemos os Caboclos, ignoramos o enraizamento dessa essência espiritual em nós. Quantos de nós incorporam Seu Pena Branca, Seu Sete Flechas ou Seu Arariboia e se recusam a enxergar o mundo pelos olhos de um Caboclo? Quantos de nós evocam a imagem de um "índio branco", ignorando as raízes profundas da espiritualidade indígena no cotidiano umbandista? Por que buscamos explicações para nossos rituais na doutrina espírita, com seu olhar eurocêntrico, e negligenciamos a riqueza de nossas tradições indígenas e afro-brasileiras? Tentamos ser europeus em solo brasileiro, desterrando de nós mesmos o elo forte que temos com aqueles que são, na Umbanda, nossos Pais Caboclos e nossas Mães Caboclas.

Quando o Caboclo "vem das matas para trabalhar", ele gira o nosso eixo. Com sua pisada forte, faz ecoar o som da terra. Seu brado é um canto de louvor ancestral. Suas flechas invocam os espíritos da natureza. Nada será como antes, porque não é possível ficar neutro ou irredutível ao incorporar a ancestralidade indígena. Ela nos toca e nos transforma. Como uma sucuri, trocamos a velha casca dos preconceitos. O veneno da cobra-coral nos liberta do ódio e da ignorância. Somos picados pelas abelhas, e nosso ser é curado de suas tormentas. Os olhos do gavião nos permitem contemplar o horizonte e compreender a diversidade e a grandeza da Terra.

Somos convidados a encontrar o "outro" em nós. Quem é este outro? A alteridade trazida pela Umbanda revela a memória dos povos indígenas – mesmo quando essa herança não é reconhecida explicitamente, ela está viva no modo de cultuar a espiritualidade em comunhão com a natureza. Essa "descoberta" traz um choque, porque abala nossos valores mesquinhos, a vaidade e a arrogância com que olhamos o mundo, separados cada vez mais da Mãe Terra por uma sociedade que valoriza mais o ter e menos o ser e anula os elos comunitários de cooperação, solidariedade e acolhimento. Fomos colonizados para odiar a Terra, exterminar os diferentes e negar nosso cordão umbilical. Os Caboclos nos ajudam a descolonizar nossos olhos e a redescobrir a alteridade. Todos os "outros" são bem-vindos, até mesmo os outros seres que fomos no passado, em outras existências, e ainda podemos ser no futuro.

Alteridade é o diálogo com aquilo que está além de nós, mas que também diz muito sobre nós. É aprender com o outro pelo exercício da escuta. É encontro e encruzilhada – forças e potências que se cruzam e se completam ao som dos atabaques. É tornar-se outro a partir dos nós que desatamos. O chamado dos Caboclos desperta uma raiz ancestral que se torna árvore frondosa, com muitas sementes. Reconhecida como religião afro-brasileira, a Umbanda é também indígena e precisa honrar essa matriz. Nos terreiros, aprendemos a encontrar a voz da espiritualidade no canto dos passarinhos, nas folhas e nas pedras. Os rios são a morada dos espíritos das águas; e ainda precisamos compreender o que nos dizem os seres-trovão, os seres do vendaval, os seres da chuva e da seca.

Contudo, para reconhecer os saberes do outro – outro que pode ser nosso pai, nossa mãe e nossos avós –, é preciso humildade, antes de tudo. Arrancar as máscaras da vaidade, da arrogância e da prepotência. E é necessário ir além: desconstruir nossos próprios olhares, valores ultrapassados e o que há de limitador em nosso modo de ver, pensar, sentir e existir. Precisamos nós mesmos ser outros. Estamos dispostos a isso?

A pisada de Caboclo nos terreiros é uma flechada no etnocentrismo. O que esse termo significa? É a colonização de nosso ser por uma visão excludente, que se torna cega para tudo o que seja diferente. Sem perceber, nossas palavras, nossos atos e nosso modo de ver o mundo refletem apenas a visão de um grupo étnico, em prejuízo de todos os demais. Mesmo sendo umbandistas, praticantes de uma religião afro-indígena, nossa visão é colonizada por concepções europeias, centradas em valores que excluem outras matrizes de pensamento e outras perspectivas de mundo. Não se trata de recusar o Cristo, espírito de Grande Luz que vibra sobre a Terra, mas de entender como dois mil anos de história cristã perpetuaram dominação e exclusão em nome do poder de poucos sobre o restante da humanidade. O etnocentrismo apaga e silencia outras vozes e espiritualidades, que compreendem que os rios e as montanhas são nossos ancestrais, e os animais e as plantas são nossos irmãos que ajudam em nossa caminhada de cura e autodescoberta com generosidade e amor.

Os Caboclos nos ensinam a abandonar o etnocentrismo, porque nos convidam a olhar o mundo com os seus olhos. Outros saberes, vivências, práticas, cheiros, gozos, sabores, cânticos, sons, tintas, cores e modos de ser e existir clamam para que se perpetuem na Terra. A Terra – que originalmente pertenceu a eles – é uma mãe amorosa e acolhedora para todos nós e nos oferece essa oportunidade de reinvenção. Reinventar nós mesmos, no ato radical de "descobrimento" de que não somos apenas filhos dos portugueses que aportaram no que viria a ser o Brasil em 1500, mas somos, acima de tudo, filhos, netos e bisnetos dos povos da Terra.

Como, nós, umbandistas, lidamos com a herança indígena? Essa é a questão primordial que teimamos em não encarar. Ela está viva no modo como praticamos nossa fé, como legado trazido pelos Caboclos, ancestrais da mítica Terra Sem Males. É preciso deixar de olhar nosso próprio umbigo, como quem está preso no egoísmo, e resgatar o cordão umbilical que une a Umbanda às raízes indígenas. É desse umbigo – semente que une mãe e filho, espiritualmente – que precisamos para existir. Que Nhanderu (Nosso Pai), outro nome para Zâmbi e Olorum, nos ilumine nessa busca!

4
O terreiro é aldeia: chão de acolhimento

"Abre-te, campo formoso
Cheio de tanta alegria

Ô Deus salve Casa Santa
Onde Deus fez a morada

Essa casa tem quatro cantos
Todos eles têm morador."

Umbanda é a religião da fraternidade, e o terreiro é a expressão comunitária da religiosidade alicerçada em valores coletivos, e não puramente individuais.

Terreiro é chão que sustenta, solo sagrado, morada da espiritualidade, vínculo com a Mãe Natureza. Sua força vem de longe, de outros planos; e vem de perto, da dedicação e doação de cada filho e filha.

Terreiro é comunidade, formada por laços afetivos entre seres espirituais e encarnados e compromissos de fé, acolhimento e apoio mútuo. Um é a banda, e a banda somos nós.

Terreiro é comunidade de cura, que auxilia no despertar da consciência e nas aflições da alma. Ajuda a nos colocar em sintonia com nossa espiritualidade. Sua bandeira carrega três princípios essenciais: a fé que transforma, a fraternidade e a humildade. Terreiro é pé no chão e asas para voar.

Mesmo que o terreiro nasça da missão sacerdotal de um indivíduo, todos os membros que o constituem são essenciais para sua existência. Sacerdotes, médiuns, ogãs ou curimbeiros, cambonos e assistência formam uma mesma egrégora que emana e recebe luz. Juntos, caminhamos.

Terreiro é aldeia, que reafirma as ancestralidades indígenas e africanas: é espaço de busca pelos saberes ancestrais e de vivência comunitária. É um organismo vivo: um ser orgânico e espiritual, tal como a floresta, que constitui um bioma em que cada ser que a habita contribui para o equilíbrio do todo. Nela, vibram as forças das águas, do fogo, do ar, da terra, dos animais, vegetais e minerais. O mistério da Calunga*. A luz do Divino Pai Oxalá.

O terreiro está inserido no mundo em que vivemos, mas precisa se liberar de valores aprisionantes, como o desencanto, o individualismo e a dominação do ter sobre o ser.

O mundo da aldeia é encantado. Todos os seres têm alma, poder e luz. Todos os pássaros têm voz e liberdade. Somos irmãos dos animais que rastejam, caminham sobre a terra, voam, nadam e habitam os pântanos. Os seres da natureza são nossos avós.

O mundo da aldeia nos liberta do cativeiro cotidiano do "ter", imposto pelo capitalismo, em que a mensagem do amor é apagada ou capturada pelo apego ao lucro e pela sede de ter – e perdemos a alegria de viver e os vínculos com nossa essência espiritual. Por essa razão, no terreiro de Umbanda, não deve haver nenhum tipo de cobrança pelos trabalhos espirituais. Ele se mantém financeiramente com o esforço voluntário de filhos e filhas.

---

* Na cosmologia congo, Calunga (Kalunga) representa a força suprema, "aquele que foi feito por si mesmo", "personificação da energia total", como descreve Nei Lopes (2005) em seu Kitábu. Segundo Fu-Kiau (Santos, 2019), para os bakongos, kalunga é uma força de fogo completa em si mesma, uma espécie de "big bang", que se tornou fonte da vida. O autor ainda descreve que a palavra "kalunga" pode significar tanto o oceano quanto a própria imensidão – e é também um portal ou uma parede entre dois mundos, a realidade física e o mundo espiritual. Na Umbanda, essa palavra carregada de sentidos chegou por meio da herança banto e geralmente assume dois significados: a Calunga Grande (o infinito do mar) e a Calunga Pequena (o cemitério, que representa o infinito pós-morte).

O mundo da aldeia é coletivo e nos ensina a superar o individualismo. Somos um todo. Eu sou nós. Quando um irmão padece, todos sofremos juntos, e juntos lutamos para vencer as demandas.

Em um mundo em que os verdadeiros donos da terra perderam seu espaço de vida e foram relegados às margens, o terreiro é resistência e semente de esperança. Tem a guarda de Exu e Pombagira na porteira, está sob o zelo e a sabedoria dos Pretos Velhos e guia-se com a flecha e o arco dos Caboclos. Inunda-se com a alegria das Crianças, semeia prosperidade com os Ciganos e alivia as dores e tristezas com o bailado dos Marinheiros e dos encantados das águas.

O terreiro-aldeia é como o ofá de Oxóssi. Toda a flecha precisa do arco para impulsioná-la. O arco é o sustento, a base, o fundamento. A flecha é a direção, a ação, o movimento. A flecha é o que vai, o arco é o que fica. A flecha voa, o arco sustenta e dá cobertura. Cada um de nós é uma flecha lançada ao infinito. O terreiro é o grande arco que nos ampara.

5
Somos filhos da Terra: Umbanda, natureza e ancestralidade

"Sindorerê auê cauiza
Sindorerê ele é sangue real
Se ele é filho
E eu sou neto da Jurema
Sindorerê auê cauinza."

As palavras formosas dos Caboclos de Aruanda ensinam que nascemos da imensidão das águas que pairam sobre o abismo infinito, chamada de Calunga Grande, assim como do fogo, da terra e do ar. Estamos ligados à Mãe Terra (*Nhandexy*)* como um filho, no ventre, está unido à mãe pelo cordão umbilical. Dela dependemos para alimentar nossos corpos e expandir nossos espíritos. Nascemos, crescemos, respiramos, amamos, construímos, destruímos, envelhecemos e morremos como seres que fazem parte da natureza. Não estamos acima dela nem somos capazes de dominá-la. Somos apenas habitantes do Universo, de cuja imensidão fomos gerados na aurora dos tempos.

Nossa existência não é possível sem a Mãe Terra em equilíbrio. O seu desequilíbrio é provocado por nós, seres humanos, e afeta o nosso próprio existir. A Umbanda é uma religião que nos ensina a cultivar a ligação com as forças naturais. A natureza é nosso maior templo. A

---
* Para os Guarani Mbya, Nhandexy é Nossa Mãe.

essência dos rios vive em nós. A seiva das matas, o ronco do trovão, o frescor da brisa e do vento, os raios solares se comunicam com a centelha divina que constitui o nosso espírito. Somos filhos da Terra, netos do Sol e da Lua, descendentes das estrelas e irmãos dos seres naturais do planeta, como minerais, vegetais e animais.

Para nós, umbandistas, essas palavras não são meras alegorias. São vivências concretas. As forças da natureza constituem a fonte de nossa espiritualidade. É assim que se define a nossa própria maneira de olhar o mundo, viver em comunidade e se relacionar com o sagrado. Palavras são espíritos, como ensina Kaká Werá Jecupé (2016). Entre os Guarani Mbya, fala e alma constituem a mesma palavra (*nhe'ẽ*). *Nhe'ẽ* é também o nome que se dá aos espíritos que vivificam os corpos, assim como o vocábulo *ayvu* – que quer dizer linguagem humana – se refere a algo como um sopro espiritual que emana de dentro do ser e produz som, ao fazer vibrar as cordas vocais, como uma espécie de vento sagrado provindo de Nhanderu (*Nhande Ru* – no idioma guarani, Nosso Pai).

"A arte da palavra, para os Guarani, corresponde à arte da vida", ensina o escritor Olívio Jecupé (2011). O exercício da oralidade guarda tanto os segredos transmitidos de geração a geração quanto a essência espiritual dos seres. Tamanha é a força da palavra e do som para os povos indígenas que Kaká Werá Jecupé (2020) lembra que o vocábulo *tupi* quer dizer "som em pé" ou "som que anda", como se o trovão de Tupã tivesse ganhado corpo e caminhasse pelo mundo. Na concepção guarani, a vida humana se originou do som do Primeiro Nhanderu, chamado de Nhanderu Tenondé (Nosso Pai Primeiro) – depois de flutuar sobre o infinito, ele se torna palavra viva e inicia uma caminhada formosa sobre a Terra (*Guata porã*).

Nhanderu, Nosso Pai e fonte da natureza

Afinal, quem é Nhanderu? A Suprema Força do Cosmo, Divino Criador ou Grande Espírito – chamado de *Olódùmarè* pelos iorubás ou *Nzambi* pelos bantos – é compreendido pelo povo Guarani como Nhanderu (Nosso Pai), aquele que vem primeiro. Contudo, o conceito de Nhanderu é muito mais do que o de um Ser: Ele é uma potência imanifestada e a totalidade do espaço e do tempo. A tradição oral Guarani narra que, da escuridão primordial, Nhanderu Eté (Nosso Pai Verdadeiro) se desdobrou e criou tudo o que existe. Ele manifestou a sua sabedoria infinita em quatro seres primordiais, que correspondem aos quatro elementos da natureza – terra, fogo, água e ar – e às quatro direções sagradas – Leste, Sul, Oeste e Norte. Cada um desses Seres Criadores é também chamado de Nhanderu e recebem os nomes de Nhamandu, Karai, Tupã e Jakaira, acompanhados também de suas contrapartes femininas ou Mães da Criação (Nhamandu Xy Eté, Karai Xy Eté, Tupã Xy Eté e Jakaira Xy Eté).

O desabrochar criativo da sabedoria divina constitui o que os Guarani chamam de *Ayvu Rapyta* ["fundamentos da palavra" ou "fundamentos do ser"], cerne da cosmologia deste povo celebrada em cânticos sagrados entoados ao longo de gerações na Casa de Reza (Opy), local de devoção onde os Guarani se reúnem para cantar, dançar, rezar e pitar o seu cachimbo (petỹngua). Desse modo, Nhanderu Eté é o Criador que se desdobra em tudo o que existe na natureza: Ele está tanto na parte quanto no Todo, assim como a semente contém a árvore. Nhanderu Tenondé é o primeiro de todos, mas se divide em quatro companheiros ou artífices da criação, tal como são quatro as moradas sagradas (*amba*) que compõem o Cosmo. Cada Nhanderu rege as forças correspondentes a um elemento da natureza: o primeiro deles é Nhamandu, o Sol, que nasce no Leste, senhor da terra e pai original da Criação; Tupã está ligado ao ciclo das águas e ao trovão e tem sua morada no Oeste, onde o Sol se deita; Jakaira é o ser da neblina e da fumaça, correspondendo ao elemento ar, habitante do Sul; e Karai é a divindade que rege o fogo, em alguns relatos está associado ao Norte, enquanto outros falam que também se vincula ao fogo que desperta no amanhecer (Cadogan, 1959; Guarani, 2015). Os quatro estão em equilíbrio no Cosmo e deles emana tudo o que existe, inclusive os espíritos humanos.

Os Nhanderu são os ancestrais do ser humano, nas palavras de Kaká Werá Jecupé (2020). São quatro seres divinos que comandam os elementos sagrados (ar, fogo, água e terra): cada um deles reinou em um ciclo vivido pela Mãe Terra (*Nhandexy*). Em sinal de gratidão, o povo

Guarani reverencia esses ancestrais – entidades sagradas da natureza – pois

> *"foram eles os artesãos, os modeladores e os moldes do tecido chamado corpo, feito dos fios perfeitos da terra, da água, do fogo e do ar, entrelaçando-os em sete níveis do tom que somos, assentando o organismo, os sentimentos, as sensações e os pensamentos que comportam um ser, que é parte da grande música divina" (Jecupé, 2020, p. 23).*

Seres da floresta

Os Yanomami explicam que *Omama* "criou a terra e a floresta, o vento que agita suas folhas e os rios cuja água bebemos" (Kopenawa; Albert, 2015). *Omama* gerou o povo habitante da floresta a partir da vagina da esposa que ele pescou nos rios – uma filha das águas, como nossas poderosas mães ancestrais (Yabás) Oxum, Iemanjá, Iansã e Nanã. Como os seres humanos vieram a conhecer a morte pelas mãos do irmão de *Omama, Yoasi*, o Ser Criador gerou outros seres potencializadores de cura, chamados de espíritos *xapiri*, que descem nos rituais xamânicos e evocam as imagens de seres naturais, como animais, a chuva, o arco-íris e o trovão. (Os brancos são chamados de "gente de Yoasi", pois suas epidemias e mercadorias continuam trazendo a morte para o povo da floresta.)

A partir do ensinamento legado pelos povos indígenas e revivido na Umbanda pelos Caboclos, compreendemos que a natureza não é apenas "fonte de recursos" para garantir a sobrevivência humana. A visão utilitarista que predomina em nossa sociedade descarta ou converte em "lixo" aquilo que não tem mais serventia. Sentimentos, expressões de religiosidade e vidas são jogados fora quando deixam de "servir" ao propósito egoísta e individualista. De forma banal, um rio é explorado pela extração mineral até que se torne um "mar de lama", como ocorreu com o Rio Doce, em Minas Gerais.

O predomínio desse pensamento tem arrastado a humanidade à beira de um colapso com alcance planetário, como alerta Ailton Krenak

(2019). Sem nos deixar afogar no pessimismo, ele afirma – tal qual as palavras certeiras dos Caboclos – que somente o resgate da cosmovisão dos povos originários poderá adiar ou evitar o fim do mundo. O rio é o avô do povo Krenak. As montanhas são nossos mestres, local onde residem os seres sagrados, assim como as matas, o mar e o vento. Aquilo que em nosso mundo pode ser uma pedra, uma árvore ou um rio, no mundo dos espíritos – que adentramos através dos sonhos ou no fim de uma existência – pode se manifestar como um ser espiritual dotado de sabedoria e força.

Em outras palavras, descendemos diretamente da natureza, e ela é fonte de nossa espiritualidade. No entanto, cada vez mais nos afastamos do diálogo criativo com os seres da floresta, como enuncia Cristiane Takuá (2020, p. 2), pensadora do povo Maxakali. "Essa grande complexidade que existe na floresta dialoga há muitos séculos com uma forte potência criativa de seres vegetais e animais que, assim como nós, há muitos séculos resistem e criam fórmulas de continuar caminhando neste planeta". O desejo de possuir a Terra como se dela fôssemos donos, a fim de extrair riquezas que geram desperdício, tem nos distanciado cada vez mais do poder curativo que a Grande Mãe tem a nos ofertar.

Ancestrais na Umbanda

Quando falamos de ancestralidade na Umbanda, não estamos nos referindo apenas a nossos pais, mães, avós e bisavós consanguíneos. Esses também são nossos ancestrais – nesse caso, ascendentes diretos. No entanto, o culto à ancestralidade se refere também às forças naturais das quais fomos gerados e que permanecem vivas em nós, como vibração que impulsiona a vida e a espiritualidade. Cultuamos os rios e as cachoeiras porque são a força de nossa mãe Oxum, que também reside no sentido do amor. Reverenciamos o arco-íris (Oxumarê), pois ele irradia a luz das sete cores e os atributos de renovação e prosperidade. Montanhas e pedreiras guardam a força de Xangô, senhor do fogo e da justiça.

As matas são a morada de Oxóssi, dos Caboclos e de uma infinidade de espíritos animais, vegetais, minerais, elementais, encantados e seres não encarnantes que nos oferecem cura, conhecimento e equilíbrio. Estradas e caminhos vibram com a força de Ogum, senhor do ferro que possibilita a vitória nas batalhas da vida. O vento é a voz poderosa de Iansã, que guerreia e conduz sob as tormentas e tempestades até paragens tranquilas. O mar é o templo onde reside Iemanjá, a mãe das águas salgadas e dos peixes, que embala todos os seres em seu colo – é do oceano que se originam todas as formas de vida. A terra emana cura, sob a regência de Obaluaiê: sua força é o mistério da vida e da morte, o ciclo reencarnatório das Almas, pois da terra viemos e para ela retornaremos. O barro é a essência de Nanã, senhora dos pântanos e fontes de água, e o horizonte infinito é o templo em que habita o Divino Pai Oxalá, senhor da paz, que irradia a força do Supremo Criador sobre o Planeta Terra.

As entidades que se manifestam na Umbanda são espíritos ancestrais de luz que poderiam até mesmo habitar planos da vida além de nossa compreensão, esferas vibratórias em sintonia plena com os sagrados Orixás, mas por amor e dedicação a nós, filhos e filhas da Terra, permanecem ligados aos planos de energia densa, em que ainda vivenciamos o aprendizado reencarnatório. Eles auxiliam na caminhada que um dia já experimentaram e nos guiam tal qual uma estrela em alto-mar conduz o navegante.

São maiorais que permanecem ligados aos pequeninos da Terra em um gesto de puro amor, pois somente o amor é capaz de explicar tamanha doação. Mesmo os seres humanos que não conhecem a Umbanda contam com a proteção desses ancestrais vinculados à natureza, que são emanações ou intermediários dos Orixás. Nos terreiros, eles se fazem pequeninos, não demonstram vaidade, tornam-se servidores dos mistérios divinos e assumem nomes coletivos que representam as forças essenciais às quais estão ligados. Revelam-se como Caboclos, Pretos Velhos, Exus e Pombagiras, Crianças, Marinheiros, Malandros, Ciganos, Mestres do Oriente, Boiadeiros e Juremeiros.

A Umbanda, portanto, compreende a ancestralidade como o vínculo que nos liga à natureza e aos espíritos que nos antecederam. Por meio das heranças africanas e indígenas e dos ensinamentos trazidos pelos Caboclos, ela possui raízes xamânicas: o xamanismo é um conjunto de espiritualidades milenares, existentes em diversas partes do mundo, que se baseiam no culto aos espíritos e às forças da natureza para propiciar cura e despertar. Essa maneira de vivenciar a espiritualidade permanece viva na pajelança indígena e cabocla, pelos interiores do Brasil, e chegou aos terreiros de Umbanda por intermédio de Caboclos e Caboclas. Está presente na fumaça e no fogo que purificam, nas águas que abençoam, no uso das ervas, na invocação dos espíritos dos animais, na imantação de pedras e cristais e na reverência aos elementos essenciais (terra, fogo, água e ar).

Nossos ancestrais vivem nos pontos de força naturais e nos atributos divinos irradiados sobre o nosso ser. Esse ensinamento diz respeito à nossa própria origem espiritual, de onde fomos criados e para onde caminhamos. Eu sou o amor, pois fui criado pela força do amor. Eu sou o fogo, pois do fogo fui gerado. Eu sou a terra, pois dela nasci. Eu sou o vento, pois meus ancestrais se originaram de sua força. Toda semente carrega a árvore em si. Nós somos sementes que trazem a essência divina – e podemos nos tornar árvores frondosas que emanam vida.

6
A raiz indígena está viva: povos de ontem, hoje e amanhã

> "Estava na beira do rio
> Sem poder atravessar
> Eu chamei pelo Caboclo
> Caboclo Tupinambá
> Tupinambá chamei
> Chamei, tornei chamar ê á."

A reverência à ancestralidade indígena é um dos troncos sustentadores da Umbanda. Contudo, como nós, umbandistas, podemos olhar para a história e a luta dos povos originários? Será que o Caboclo é apenas uma figura imaginária, descolada da realidade concreta, ou de fato mergulhamos nos saberes que esses espíritos ancestrais têm a nos transmitir? A palavra "índio" originou-se do olhar do colonizador, no momento em que os europeus chegaram ao continente americano e quiseram nomear o conjunto de povos nativos[*]. Diz-se que Colombo pensava estar chegando nas Índias. Contudo, é preciso compreender que os povos chamados indígenas abrangem um conjunto diverso de

---

[*] De acordo com o entendimento dos povos originários do Brasil, o termo correto a ser utilizado não é "índio", e sim "indígenas" ou "povos originários". Também não se recomenda o uso da palavra "tribo", que remete à noção de cultura primitiva ou tribal, sendo "aldeia" ou "povo" as variações indicadas, conforme cada contexto. Nesta obra, utilizamos o termo "índio" apenas em citações de outros textos.

culturas, com raízes milenares, e o contato desde a colonização impactou profundamente seu modo de viver, resultando em processos dolorosos como o extermínio por guerras e doenças e o apagamento de suas memórias.

Há um chamado que ecoa nos terreiros por meio das flechas lançadas pelos Caboclos: a Umbanda precisa ouvir a voz dos povos originários. Por isso, nossa proposta aqui é trazer alguns ensinamentos de pensadores indígenas, como um cântico para despertar nossas consciências. Fica o convite para que cada um de nós possa dar o seu passo em direção a esse caminho ancestral, para o qual as palavras que você lê agora são uma humilde contribuição.

O professor e escritor Daniel Munduruku (2009, p. 21) nos ensina que a representação dos povos indígenas no imaginário brasileiro e nos livros didáticos reforça uma visão distorcida e estereotipada. Em suas palavras, "os nativos são sempre apresentados como seres que vivem nus, nas matas, habitando em ocas ou tabas e que cultuam diversos deuses, entre os quais Tupã". Essa distorção produz preconceitos e silenciamentos, porque esses povos perdem o direito de expressar suas diferentes maneiras de ser e estar no mundo.

Outra violência simbólica é imaginar que as culturas indígenas estão mortas ou deveriam ficar congeladas no passado. Quantas vezes ouvimos a seguinte frase: "Esse índio não é de *verdade* porque não anda nu" ou "porque usa celular"? Nosso olhar ainda está impregnado pelo estigma de que "o índio é um ser exótico", tratado sempre no passado, sendo que nenhuma cultura é estanque. Para Munduruku, essa visão simplista faz com que não reste aos indígenas papel relevante na sociedade contemporânea, vistos como "povos sem história". O próprio uso do termo "descobrimento", que aprendemos em sala de aula e nos livros, reforça a ideia de que com a colonização começou a "nossa" história. Diante disso, é importante questionar: o que havia antes? Diz Munduruku (2019, p. 24) que, nessa fábula da "descoberta", os indígenas aparecem sempre como "seres inferiores", com pouca inventividade tecnológica ou coloridos com aspectos exóticos – portanto, "tal atitude legitima a agressão europeia, que é sempre vista como benéfica e civilizadora".

Somente no Brasil, quando da chegada dos portugueses, estima-se que existiam em torno de mil povos, com uma população que poderia chegar a cinco milhões de pessoas. Atualmente, vivem em território brasileiro ao menos 305 etnias, com mais de 896 mil pessoas, segundo o Censo do IBGE de 2010. Esses povos guardam histórias e saberes milenares, com uma ampla diversidade cultural e linguística: apenas no Brasil, há o registro de 274 línguas indígenas. Daniel Munduruku também nos lembra que há três mil anos já se formavam grandes civilizações no continente americano, e a presença humana foi encontrada em solo brasileiro, nas cavernas de Raimundo Nonato, no Piauí, há pelo menos 45 mil anos. Quantas histórias estão aí ocultas? Já passou da hora de entender que a história indígena é também a nossa história.

Nas palavras de Kaká Werá Jecupé (2020), indígena de origem Tapuia que formou sua identidade entre os Guarani, os diversos povos nativos guardam em comum a compreensão de que as entidades ou forças da natureza, que compõem a Mãe Terra, atribuem sentido à existência dos seres humanos. "Para o índio, toda palavra tem espírito".** Ele considera que "o índio é um ser humano que teceu e desenvolveu sua cultura e sua civilização de modo intimamente ligado com a natureza", e desse elo de interação com a floresta, os rios, as montanhas e os seres dos reinos animal, vegetal e mineral, elaborou suas tecnologias, crenças, cosmologias e seus modos de se organizar em sociedade.

A Terra e seus mil povos

A multiplicidade de povos originários do Brasil, como explica Werá Jecupé (2020), constitui uma frondosa árvore com inúmeras raízes e troncos, entre os quais se destacam quatro principais matrizes linguísticas: o Tupi, o Jê, o Aruak e o Karib, além de outras ramificações que não se enquadram em nenhum desses grupos, como os Yanomami.

** Kaká Werá Jecupé (2020, p. 18) afirma que "o índio não se chamava nem se chama de índio", uma vez que, antes de essa palavra existir, já havia um "espírito indígena" espalhado pelo Brasil e pelas Américas em diversos "tons", que se dividem em clãs, "que formam tribos, que habitam aldeias, que, por sua vez, constituem nações".

Espalhados pelo litoral brasileiro, os povos do tronco Tupi foram aqueles que sofreram os primeiros impactos da colonização e do contato com os europeus. Seus modos de viver, sentir e existir, bem como sua língua, influenciaram decisivamente a formação da cultura brasileira. Os Tupi chamavam de "Tapuia" os povos que não falavam sua língua, principalmente do tronco Jê; já as matrizes linguísticas Aruak e Karib estão espalhadas por algumas áreas do Brasil, sobretudo na região amazônica, e se encontram presentes em outros territórios na América Central (Antilhas) e América do Sul.

A história dos povos originários no Brasil, contada por Kaká Werá Jecupé (2020), acompanhou o germinar de três tradições ancestrais que podemos entender como três caminhos espirituais: as tradições do Sol, da Lua e do Sonho. As duas primeiras eram uma só em um passado remoto, mas se quebraram em duas, tal qual o dia se separa da noite, surgindo, respectivamente, as linhagens Tupinambá e Tupi-Guarani. Esses ancestrais desenvolveram uma medicina ligada à Mãe Terra, mas divergiam quanto ao rumo a seguir. Os Tupinambá, guerreiros e desbravadores, vinculados à ascendência do Sol, desejavam se expandir pelos quatros cantos da Terra e civilizar os clãs nomeados Tapuia. Já os Tupi-Guarani, ligados à linhagem da Lua, tornaram-se introspectivos, voltando-se para as experiências e a sensibilidade do ser, em interação com as energias da terra.

E a tradição do Sonho? Chamados de Tapuia pelos falantes das línguas de matriz Tupi, são povos pertencentes ao tronco Jê, filhos e filhas da terra que desenvolveram a habilidade de se comunicar com os antepassados por meio dos sonhos. Como explica Kaká Werá Jecupé (2020), esses inúmeros povos que pisavam o interior do solo brasileiro "teceram cantos e danças que ligavam o sonho à terra", em ritos que sustentam até hoje a fé da Mãe Terra em sua dança sagrada no Universo. Para o povo Xavante, por exemplo, o sonho tem um papel determinante nas decisões do indivíduo e da comunidade, como o neurocientista Sidarta Ribeiro (2019) relata em seu livro *Oráculo da noite*. O sonho é caminho para a viagem da alma. Nas palavras de Kaká Werá Jecupé (2020, p. 59),

"O sonho é o momento sagrado em que o espírito está livre e em que ele realiza várias tarefas: purifica o corpo físico, sua morada; viaja até a morada ancestral; muitas vezes, voa pela aldeia; e, algumas vezes, através de Wahutedew'á, o espírito do tempo, vai até as margens do futuro e caminha pelas trilhas do passado."

A tradição xamânica conhecida como *Ayvu Rapyta* ("fundamentos do ser"), legada pelos Guarani, é um olhar que nos ajuda a entender a própria maneira da Umbanda de se relacionar com a espiritualidade. A fim de aprender o conhecimento ancestral, os povos originários realizam cerimônias e iniciações que possibilitam limpar a mente e absorver "os ensinamentos registrados no movimento da natureza interna do ser". O ser é parte da Mãe Terra e caminha com a floresta, os rios, as estrelas e as montanhas. Somos poeira do tempo, sementes lançadas ao solo. Nessa jornada existencial, os ancestrais da natureza, como grandes artífices da Criação, exercem papel fundamental para a experiência humana. Os Guarani os chamam de Nhanderu: são divindades que comandam os quatro elementos sagrados – terra, fogo, água e ar – e interagem com o desenvolvimento humano. Meditemos mais um pouco com as palavras de Kaká Werá Jecupé (2020, p. 62):

"Para o povo indígena, os ancestrais que regem a natureza acompanham toda a evolução humana, como semeadores que espalham sementes pela terra e observam, nutrem e cuidam até frutificarem. O índio surgiu desses ancestrais sagrados: Sol, Lua, arco-íris, terra, água, fogo e ar. Dos reinos vegetal, animal, mineral. O ser índio foi se amalgamando com esses seres sagrados. E dessa diversidade emergiram tribos, povos, línguas. Essas tribos, de tão antigas, guardam a história de suas civilizações como um sonho-memória, de um tempo tão remoto que parece até mesmo anteceder a memória do próprio tempo."

Cada povo desenvolveu um tipo de medicina sagrada e de comunicação com o mundo espiritual, baseando-se em sua maneira de enxergar o elo com a Mãe Terra.

A natureza e os seres humanos

Para os povos originários, a natureza não é algo separado de nós, como nos faz crer uma visão de base racionalista, capitalista e europeia. Ela não é algo que possamos dominar ou simplesmente explorar sem arcar com as consequências, nem os seres humanos são "os únicos seres interessantes e que têm uma perspectiva sobre a existência" (Krenak, 2019, p. 32). Esse ensinamento é trazido por um sábio do povo Krenak, personagem fundamental na luta pelos direitos dos povos indígenas no Brasil, nascido às margens do Rio Doce. Contra a destruição de ecossistemas e de formas de vida, Ailton Krenak lança palavras que são como flechas certeiras: é mais do que urgente romper com uma ideia de humanidade separada da natureza se quisermos sobreviver a uma catástrofe planetária. Isso implica, inclusive, viver nossas espiritualidades em sintonia com os múltiplos seres e as forças naturais.

Krenak e outras lideranças indígenas chamam a atenção para o fato de que a luta em defesa dos povos originários ocorre em benefício de toda a humanidade. Garantir direitos fundamentais para esses povos, como a preservação de sua cultura e a demarcação de suas terras, afirma-se como movimento inseparável da defesa do meio ambiente e da busca por caminhos que possibilitem a continuidade da vida na Terra. Os povos originários são como guardiões do planeta, por sua forma generosa de se relacionar com a biosfera.

Como explica Krenak, a "visita" do colonizador no século XVI representou o fim do mundo para a maioria dos povos originários – ou, pelo menos, o fim do mundo como conheciam, tamanho o impacto em suas vidas e em sua cultura. Inaugurava-se uma era de genocídios. Contudo, o que compreendemos hoje como "humanidade" está à beira de um colapso ambiental de proporções planetárias, devido à alienação em relação ao organismo do qual somos parte, a Mãe Terra. Diante dessa ameaça real, Krenak nos diz que é tempo de recorrer aos saberes indígenas sobre como eles fizeram para resistir ao seu "fim do mundo" há 500 anos, para que nós também possamos sobreviver agora. É hora de silenciar e ouvir os cânticos ancestrais:

> *"Cantar, dançar e viver a experiência mágica de suspender o céu é comum em muitas tradições. Já que a natureza está sendo assaltada de uma maneira tão indefensável, vamos, pelo menos, ser capazes de manter nossas subjetividades, nossas visões, nossas poéticas sobre a existência. Definitivamente não somos iguais, e é maravilhoso saber que cada um de nós que está aqui é diferente do outro, como constelações."* (Krenak, 2019, p. 32-33).

É como se, em meio ao caos, ecoasse um canto de esperança. E esse canto só pode ser entoado por quem se reconhece como filho da Terra. Outro mestre indígena, Daniel Munduruku, também nos ajuda a entender que a vida é um momento de passagem para o encontro com o Grande Espírito. Ele estabelece quatro ensinamentos fundamentais dos povos originários, que são as concepções de que:

- a Terra é nossa mãe;
- o ser humano faz parte da teia da vida;
- o mundo tem alma;
- é preciso ser grato à Mãe Terra.

Mesmo com a diversidade cultural e linguística dos mais de 300 povos existentes no Brasil, é possível chegar à conclusão de que:

> *"Os povos indígenas têm uma coisa em comum: uma mensagem de amor pela Mãe Terra, de apego às raízes ancestrais transmitidas pelos rituais; um profundo respeito pela natureza, buscando caminhar com ela por meio de um conhecimento das propriedades que nos oferece e com as quais sustenta cada povo, como uma mãe amorosa que sempre alimenta seus filhos."* (MUNDURUKU, 2009, p. 29).

Se a Terra é Nossa Mãe, a noção de territorialidade é fundamental para compreender as maneiras de viver e sentir dos povos originários: suas culturas têm profunda conexão com o território, tal como uma árvore depende de suas raízes. Porém, como nos ensina a escritora, poeta e professora Eliane Potiguara (2019), território não é apenas um espaço físico, mas um conjunto de marcas culturais e tradições, "um espaço verdadeiramente ético". Diz ela: "Território é vida, é biodiversidade, é um conjunto de elementos que compõem e legitimam a existência indígena". Em outras palavras, território tem a ver com ancestralidade.

Por isso, as comunidades indígenas reverberam os saberes de seus ancestrais, pois é esta sabedoria que mantém vivos o seu território e o seu povo. Ou como afirmam os versos de Eliane Potiguara no poema Ato de amor entre povos, de 1982: *"(...) tomaremos o mel da manhã/ pra que todos os antepassados renasçam"*.

E assim voltamos à pergunta inicial deste capítulo: o que nós, umbandistas, podemos aprender com os povos originários? E como devemos olhar para a questão indígena? Primeiro, precisamos compreender e valorizar a diversidade e a pluralidade cultural dos povos originários. Cultuamos Caboclo, mas por vezes temos uma visão distorcida sobre o que é "ser indígena". Por que ainda alimentamos representações estereotipadas? Realmente damos importância aos ensinamentos e às vivências dos indígenas reais?

Segundo, e não menos importante, é preciso reconhecer que a raiz indígena não está morta, e sim muito viva, pois esses povos travam lutas constantes por sobrevivência e pela continuidade de seu modo de ser e estar no mundo – assim como pela preservação dos ecossistemas em que vivem. Houve um tempo em que se pensava que os povos originários iriam desaparecer, mas eles mostraram lições de resistência e resiliência. São povos do presente e do futuro. É hora de assumir nossa vertente indígena, dentro e fora dos terreiros de Umbanda, não para negar a maneira específica de viver de cada um desses povos, mas a fim de honrar que somos filhos e filhas de seus saberes, que seu sangue corre em nossas veias e sua história também é nossa. Salve, a raiz que nos gerou e permanece viva em nós!

7
Entidades caboclas: dos encantos da Jurema aos terreiros de todas as bandas

> "Estrela lá no céu brilhou
> A mata estremeceu
> Por onde andam os capangueiros da Jurema
> Que até agora não apareceram?"

Eles vêm de muito longe para beber água no coité. Os Caboclos são entidades que não incorporam apenas na Umbanda. São presença viva em diferentes religiões afro-indígenas-brasileiras: sambam nos Candomblés de Caboclos, onde são saudados como Caboclos de Pena ou de Couro; descem na guma do Tambor de Mina ou Encantaria; e sopram as baforadas que curam na ciência da Jurema Sagrada. Como figura genuína da cultura brasileira, o Caboclo atravessa fronteiras religiosas e compartilha saberes e vivências. Nossa intenção aqui não é esmiuçar toda a riqueza dessas religiões, o que seria tema para um longo aprendizado, mas apontar a diversidade das expressões de fé que cultuam Caboclo, a partir do olhar de alguns autores que se debruçaram sobre esse tema.

Caboclo: "morador do mato" ou "mestiço"?

No imaginário social brasileiro, o termo "caboclo" é usado para se referir ao "mestiço" de indígena e branco ou como sinônimo de "habitante do mato ou interior". Carrega, por vezes, um sentido pejorativo – como um sujeito que deixou de ser algo sem se tornar outro, ou seja, saiu da condição de "selvagem", mas não foi "civilizado". A palavra vem da língua tupi (*caá* = mato; *boc* = o que vem de) e significa, etimologicamente, "aquele que vem do mato". Contudo, aos olhos de uma sociedade que desvaloriza os vínculos com a Mãe Terra e almeja transformar todos os espaços em concreto, caboclo passa a ser empregado como ofensa: é visto como homem "primitivo", "sem refinamento", "do interior" ou "sem cultura" e, como tal, é um termo recusado pelas populações chamadas de caboclas, como aponta Véronique Boyer (1999) em texto interessante sobre as transformações de pajé a caboclo.

Em sua obra seminal *O povo brasileiro: a formação e o sentido do Brasil*, Darcy Ribeiro (2006) fala de um "Brasil Caboclo" para se referir às populações que surgiram a partir do que ele chama de *transfiguração étnica*: forçados pela violência ou pela imposição cultural, os povos indígenas foram deslocados de sua cultura e seu modo de vida sem que tenham sido reconhecidos de fato como cidadãos. Para Darcy Ribeiro (2006, p. 288), a passagem de indígenas para brasileiros foi incompleta: "eles se converteram em índios genéricos, sem língua nem cultura próprias". Contudo, para nós, praticantes das religiões afro-indígenas-brasileiras, o Caboclo é um ser dotado de sabedoria ancestral, que conhece as ervas, as rezas, os banhos, as mirongas, a ciência dos encantados e o mistério dos ciclos da natureza. Logo, é rico em sua multiplicidade de expressões.

Caboclos afro-brasileiros: entidades no Candomblé de Caboclos

"Entra na roda quem quer entrar/É samba de Caboclo, quem quiser pode dançar". Também existe Caboclo no Candomblé, em casas que

adotam toques tanto para Orixás, Inquices ou Voduns quanto para entidades da terra brasileira, incorporando os ancestrais indígenas ao universo afro-brasileiro. Quando os povos de origem banto foram forçados a vir para o Brasil como escravizados, trouxeram consigo uma maneira peculiar de olhar para a espiritualidade: os bantos cultuam os ancestrais (*Bakuru*), mas não somente os antepassados diretos, pois sua cosmovisão incorpora saberes das terras e dos povos com quem têm contato. Dessa forma, espíritos ancestrais indígenas também começaram a chegar, principalmente nos Candomblés de nação angola, de matriz banto.

Edison Carneiro (1964, p. 143), ao estudar os Candomblés de Caboclos, afirma que essas entidades são representações de um ideal de índio brasileiro. "Senhores dos segredos de ervas e raízes, são estimados pelos seus poderes mágicos de cura", além de possuírem características de generosidade, vitalidade, bondade e sabedoria. Carneiro chamou a atenção para a existência dos "Caboclos de Aruanda", cuja figura foi moldada nos terreiros afro-brasileiros, a partir de uma mistura entre as visões espirituais africanas e arquétipos de "índios de romance" existentes no imaginário brasileiro.

Para Reginaldo Prandi (2000), os Candomblés de matriz angola e congo que surgiram na Bahia deram uma contribuição ao quadro religioso afro-brasileiro, ao trazer para seus terreiros o culto ao Caboclo. Filhos da África e do Brasil, seus praticantes reconhecem "uma ancestralidade genuinamente brasileira, o índio". Nas palavras de Prandi (2000), "o caboclo é o índio que viveu num tempo mítico anterior à chegada do homem branco, mas um índio que conheceu a religião católica e se afeiçoou a Jesus, a Maria e a outros santos; um índio que viveu e morreu neste país – este é o personagem principal do candomblé de caboclo".

De acordo com essa visão, o Caboclo é um espírito humano, e não uma divindade, tal qual um Orixá ou um Inquice. Diz-se que ele é um mensageiro e, como tal, exerce um papel para a comunidade de terreiro ao orientar e curar: como os Orixás e os Inquices não "falam", apenas por meio do oráculo (jogo de búzios) consultado pelo sacerdote, o Caboclo é um enviado do mundo espiritual que conversa com os consulentes para ajudá-los em problemas vividos no mundo concreto. A tradição afirma que existem Caboclos de Pena (indígenas) e de Couro e Laço (Boiadeiros). Geralmente, há uma correspondência entre o Orixá para qual o filho de santo é iniciado e o Caboclo, que atuaria como uma espécie de intermediário ou enviado.

A ciência encantada da Jurema: Mestres e Caboclos

"Estava no pé da Jurema/Quando vi a maracá na mão/Chamando os Caboclinhos/Para dançar o Toré". Jurema é uma palavra viva de força e sentido: na Umbanda, é nome de uma Cabocla, além de ser cantada como uma terra mística, o Juremá, de onde vêm as entidades espirituais. A Jurema Sagrada é também uma rica vertente religiosa de origem indígena, que nasceu no Nordeste brasileiro, a partir da pajelança de alguns povos originários. É ainda a árvore encantada, cultuada como divindade sustentadora de força espiritual, da qual se faz uma bebida (ou vinho) capaz de expandir a consciência e abrir os vínculos perceptivos para o "mundo dos encantados". Como dizem os juremeiros, essa é "uma ciência muito fina", fonte de encanto, cura e mistério.

O culto da Jurema Sagrada ou Catimbó difundiu-se do sertão e do agreste nordestinos em direção às grandes cidades, podendo ser dividido em duas grandes vertentes: a indígena, com suas variantes étnicas de acordo com cada povo; e a Jurema de Mestre, "de Mesa" ou "Urbana", praticada nos terreiros. Embora existam diferenças ritualísticas, todos os caminhos ou ramas se fundamentam em torno do culto à árvore sagrada, que representa a potência vegetal, ao pé da qual eram enterrados os antigos mestres e mestras. A vertente indígena ainda é praticada, por exemplo, pelo povo Xucuru da Serra do Ororubá, no município de Pesqueira, em Pernambuco – que dançam o Toré para saudar Pai Tupã e Mãe Tamain. O Toré é um ritual religioso que envolve cânticos e danças, mantido vivo por povos originários como os Kariri-Xocó, Xukuru, Pankararé, Pankararu e Funil-ô. Já a Jurema dos Mestres e Caboclos se espalhou por inúmeras cidades com a manutenção da tradição por parte de juremeiros históricos, como a mestra Maria do Acaes, em Alhandra, na Paraíba, falecida em 1910.

A cosmovisão do povo da Jurema se baseia na existência das "cidades" encantadas que são locais sagrados onde vivem Caboclos e Mestres. Para Luiz Assunção (2006), a Jurema Sagrada entende que o indígena representa o primeiro habitante da terra brasileira; já o Caboclo remete-se à figura do indígena envolvido com a sociedade branca, como resultado do "entrecruzamento de diferentes etnias". Por meio das defumações e da fumaça dos cachimbos, Mestres e Caboclos incorporam para curar e aconselhar os praticantes.

E o que a Jurema Sagrada tem a ensinar à Umbanda? Embora cada uma das religiões guarde seus fundamentos, as fronteiras são dinâmicas e é preciso lembrar que as raízes são compartilhadas e remontam a tempos em que se tinha apenas o registro oral. A Jurema é tronco que floresceu a partir das tradições indígenas da pajelança e do Toré, enquanto podemos entender a Umbanda como um dos frutos dessa árvore formosa, que absorveu ainda outras influências. Nossos Pais Caboclos e Mães Caboclas, enviados do Juremá, sopram o cachimbo para curar na ciência da Jurema e chegam até a Umbanda para perpetuar o elo ancestral indígena. Por isso, cabe aos umbandistas tomar a bênção e respeitar essa matriz de muitos encantos.

Caboclo também é Encantado: o tambor sagrado da Encantaria

"Tambor, Tambor! Vai buscar quem mora longe, tambor!" A Encantaria ou Tambor de Mina é uma tradição que se formou no Maranhão e se espraiou por outros estados brasileiros, voltada à devoção aos Voduns, Orixás e Encantados. Os Voduns são divindades ancestrais oriundas dos povos ewe-fon do Benim (antigo Daomé), presentes nos terreiros de cultura jeje. Além das divindades africanas, o Tambor de Mina incorporou o culto a entidades conhecidas como Encantados, dentre as quais se incluem os Caboclos, porém em uma concepção distinta daquela que se observa na Umbanda: o Encantado não experimentou a morte, ele

simplesmente "se encantou", entendimento que se vincula à cosmovisão indígena de integração plena do ser humano com a natureza.

Nas palavras de Francelino de Shapanan (2004), um dos mais importantes sacerdotes da Encantaria, o Encantado "não é o espírito de um humano que morreu, que perdeu seu corpo físico, não sendo, por conseguinte, um egum. Ele se transformou, tomou outra feição, nova maneira de ser" – como planta, animal, acidente geográfico, vento ou fumaça. Basicamente, o culto é estruturado em famílias (e não em linhas de trabalho ou falanges, como na Umbanda), em que cada Encantado se vincula à sua ancestralidade, que varia de terreiro para terreiro, sendo as mais frequentes: as Famílias do Lençol, de Príncipes e Princesas, Família da Turquia, da Bandeira, da Gama, da Mata de Codó, da Baía, de Surrupira, das Caravelas, do Juncal, da Mata e dos Botos.

A palavra "Caboclo" não tem o mesmo sentido na Encantaria que possui na Umbanda: não é necessariamente uma entidade indígena e pode inclusive ter nascido e vivido em terras não brasileiras. É o caso das Caboclas turcas, como Mariana, Toia Jarina e Herondina, e de entidades com ascendência portuguesa, italiana, austríaca ou africana, mas que aceitaram o Brasil como sua terra. Segundo Francelino de Shapanan (2004), o Tambor de Mina divide-se na Encantaria gentil, na qual se agrupam reis, rainhas, príncipes, princesas e nobres, e a Encantaria cabocla, em que surgem as famílias de encantados, às quais se vinculam entidades das mais diversas, como Dom João de Barabaia, Dom Pedro Angasso, Bárbara Soeira, João da Mata e Caboclo Japeteguara, só a título de exemplo.

O importante livro de Mundicarmo Ferretti (1994), *Terra de Caboclo*, considera que, no contexto da Encantaria, Caboclos são os ancestrais brasileiros – dada a diversidade étnico-cultural do país, abrangem "indígenas e europeus, turcos e camponeses rurais, guerrilheiros e trabalhadores, nobres e plebeus, aqueles que vivendo da terra sobrevivem à seca; e ainda, negros e brancos que lutaram na Guerra do Paraguai". São antepassados que permanecem vivos e baixam na guma (barracão) para reviver suas histórias lendárias e ofertar conselhos e abraços aos filhos e filhas. A tradição cabocla que descende do Tambor de Mina dialoga com outras manifestações culturais, como o bumba meu boi, havendo o intercâmbio de cantigas, saberes e vivências, como ocorre com o tradicional Boi de Maracanã.

Caboclo: "aquele que se dispõe a ir"

Longe de querer abarcar toda a riqueza das manifestações religiosas afro-indígenas-brasileiras, nossa intenção aqui foi apenas levar à reflexão de que a figura do Caboclo atravessa diferentes espaços culturais e religiosos. Indiscutivelmente, a Umbanda tem a sua própria concepção do que seja um Caboclo; porém, como tudo dentro da cultura é vivo, as maneiras de compreender e se relacionar com o mundo espiritual são mutáveis e intercambiantes. Como diz acertadamente Ferretti (1994, p. 21), a busca de "pureza" na religião afro-brasileira tem se mostrado inconsequente, porque "puro" não existe, uma vez que não há cultura estática. Somos formados no amálgama da pluralidade.

Por fim, a bela definição de Luiz Antonio Simas e Luiz Rufino (2019) nos faz entender o Caboclo como aquele que está além e se dispõe à gira: é um "ser supravivente" que transgride os limites entre a vida e a morte. Ao invés de se restringirem a uma definição fixa e limitadora sobre o que representam esses guias, os autores preferem compreendê-los como a possibilidade de abarcar todo aquele que vivencia a experiência do "encaboclamento", isto é, de tornar-se um ser que superou a morte pela continuidade da vida. Nesse sentido, são mediadores da interação entre os mundos visível e invisível por meio do transe; e constituem uma linha aberta a todos aqueles que se dispõem a trabalhar, curar e dançar.

8
A presença dos Caboclos na história da Umbanda

> "Portão da Aldeia abriu
> Para o Caboclo passar
> É hora, é hora, é hora, Caboclo
> É hora de trabalhar."

A força dos Caboclos está na gênese da Umbanda, religião nascida no Brasil a partir do encontro entre saberes africanos, indígenas e cristãos. A Umbanda tal qual a conhecemos e praticamos não surgiu na África, embora o termo tenha se originado na língua quimbundo para designar a arte de curar (*mbanda*). Também não se constitui puramente como ritual indígena, nem como prática exclusivamente espírita ou cristã. Ela pode ser tudo isso e um pouco mais. A Umbanda surge de um amálgama cultural que se formou ao longo da história brasileira, em que as raízes ancestrais indígenas e africanas foram as suas genitoras.

Quando nasceu a Umbanda? Embora exista a referência da manifestação do Caboclo das Sete Encruzilhadas, em 15 de novembro de 1908, a religião se formou muito antes e muito depois desta data. Seu parto ocorre ainda hoje e acontecerá no futuro. E quem a faz nascer são as mãos habilidosas das parteiras indígenas e africanas, na figura de Caboclas e Pretas Velhas. Em outras palavras, são muitas as origens da Umbanda, assim como são muitos os seus caminhos.

A se perder de vista no tempo, um de seus antecedentes mais remotos surgiu no primeiro século da colonização: foram as chamadas santidades indígenas, movimentos espirituais que mesclavam elementos da cultura tupinambá e do cristianismo, liderados por caraíbas que percorriam as estradas, de aldeia em aldeia, vibrando os maracás, curando os doentes e fazendo pregações. No sertão de Jaguaripe, no sul do Recôncavo Baiano, formou-se por volta dos anos de 1580 e 1585 a mais importante dessas santidades, liderada pelo tupinambá Antônio Tamandaré, como conta o historiador Ronaldo Vainfas em seu livro A heresia dos índios (2022).

Dissolvida pela ação colonial e esquecida pela história, "a santidade sobreviveu", na conclusão do historiador. "Sobreviveu nos catimbós e nas umbandas, onde nunca faltaram (nem faltam) Tamandarés e Tupinambás entre os caboclos índio-afro-brasileiros" (Vainfas, 2022 [1995], p. 278).

Mais adiante, teremos a saga dos calundus, em que se destaca a história de Luzia Pinta: em 1742, a Inquisição de Lisboa abriu processo acusatório contra uma preta alforriada habitante das Minas Gerais que praticava um ritual conhecido como calundu – prática espiritual de cura originada entre os bantos. Luzia Pinta, como era chamada, havia nascido em Luanda, em Angola, e foi trazida à força para o Brasil, por volta dos 12 anos de idade, em um navio tumbeiro. Na ocasião em que foi presa, vivia em Sabará, na região do ouro em Minas Gerais, onde estava à frente do calundu no qual recebia espíritos para dançar e curar (Daibert, 2015).

Luzia foi conduzida a Lisboa, submetida a humilhações e torturas diante dos inquisidores e de uma população ávida por espetáculos, sob a acusação de feitiçaria. Pela segunda vez levada à força, perseguida, humilhada e torturada, Luzia resistiu. Ao final do longo processo, que durou dois anos, ela foi culpada de leve suspeita e condenada ao degredo no Algarve. Não se sabe mais do que isso sobre ela: os registros sobre Luzia e seu calundu estão nos autos da Inquisição, com todo o preconceito do colonizador que a acusava de feiticeira. Luzia curava. Recebia espíritos. Falava com os ancestrais. Girava no terreiro. Por isso sofreu todos os tipos de humilhações e perseguições. O que havia de Umbanda no calundu de Luzia? Por que esquecemos a história dessa mulher?

Luzia não estava só. A história de Miguel Ferreira Pestana, um indígena de provável ascendência tupinambá, natural do aldeamento de Reritiba, no Espírito Santo, ocorreu no mesmo período e também mostra a perseguição às religiosidades africanas e indígenas. Miguel era um "índio caboclo", como eram chamados os indígenas integrados ao mundo colonial, pois habitavam em vilas e freguesias. Ele deixou a missão jesuítica em que vivia, no Espírito Santo, e passou a residir no Recôncavo da Guanabara, próximo ao Rio de Janeiro, onde se tornou um curandeiro afamado por suas rezas e por vender a conhecida "bolsa de mandinga", uma espécie de amuleto de proteção trazido ao Brasil pelos africanos de origem mandinga, cujo propósito era fechar o corpo contra os maus espíritos. Miguel simboliza o diálogo entre os saberes africanos e indígenas. Também foi preso, levado à Inquisição e condenado no Auto de Fé de 1744, no mesmo processo de Luzia Pinta. Pela falta de provas contundentes, não foi queimado na fogueira – como tantos e tantas outras –, e sim conduzido às galés, onde passou cerca de dois anos, quando se soube que fugiu. Não há mais notícias sobre ele (Corrêa, 2018).

Assim como Miguel e Luzia, inúmeras figuras anônimas praticaram as religiosidades nascidas das cosmopercepções africanas e indígenas, perseguidas e marginalizadas no contexto de predomínio absoluto do cristianismo. Quantos caminhos e encruzilhadas foram percorridos até chegar aos terreiros em que se manifestam Caboclos e Pretos Velhos? Essas histórias – que atravessaram o tempo, por meio da oralidade, e deram origem à Umbanda – precisam ser honradas por nós, que hoje perpetuamos a prática de uma religião plural, inclusiva e dinâmica em sua essência.

A manifestação do Caboclo das Sete Encruzilhadas, em 1908, em seu médium Zélio Fernandino de Moraes, que então contava com 17 anos, na cidade de Niterói/RJ, cumpriu um importante papel de sistematização das expressões religiosas de matriz afro-indígena que floresceram no Brasil desde o período colonial – e que se perpetuavam nas macumbas e calundus. Segundo o que se conta, Zélio sofria daquilo que, na época, era entendido como "ataques", e a família tentou todos os recursos para ajudá-lo – levou-o a um padre "exorcista", a uma rezadeira que recebia um Preto Velho chamado Tio Antonio, até que, por fim, apelou ao espiritismo de base kardecista. Na sessão de mesa, ocorrida em 15 de novembro de 1908, Zélio – incorporado pelo espírito que se identificaria como Caboclo das Sete Encruzilhadas – pronunciou a frase: "Aqui está faltando uma flor". Ali se revelava a sabedoria cabocla apontando a importância do vínculo espiritual com a Mãe Terra, representada por uma flor.

É preciso refletir sobre o cerne do ensinamento dessa manifestação do Caboclo das Sete Encruzilhadas. Em rompimento com o preconceito então em voga nas sessões espíritas, em que não se admitia a incorporação de espíritos que fugissem aos padrões eurocêntricos, o Caboclo afirmou que aquela religião que iniciaria – posteriormente chamada de Umbanda* – jamais teria as portas fechadas para os que estavam à margem da sociedade, como indígenas (Caboclos) e negros (Pretos Velhos). Ele anunciou: "Se julgam atrasados os espíritos dos pretos e índios, devo dizer que amanhã estarei na casa deste aparelho, para dar início a um culto em que esses pretos e esses índios poderão dar a sua mensagem e, assim, cumprir a missão que o Plano Espiritual lhes confiou". Tal passagem ajuda a entender que um princípio basilar da Umbanda é ser uma religião aberta e plural**. O Caboclo das Sete Encruzilhadas foi um dos muitos guias que tiveram a missão concedida por Oxalá de fundamentar e expandir a religião de Umbanda.

A sabedoria cabocla – ao lado das tradições africanas – deu vida a essa árvore frondosa que é a Umbanda. Outros guias provenientes da ancestralidade indígena – alguns conhecidos, tantos e tantos anônimos

---

* O nome "Umbanda" não foi adotado inicialmente por Zélio, só vindo a ocorrer muito depois de 1908 – provavelmente entre os anos 1920 e 30 –, conforme relato de seu próprio neto, Leonardo Cunha.

** Em uma passagem brilhante, Luiz Antonio Simas (2020, p. 172) afirma que "o caboclo das Sete Encruzilhadas permanece sendo um poderoso intelectual brasileiro. Nunca achei mera coincidência que seu brado insubmisso tenha sido lançado no aniversário da Proclamação da República. Seu protesto gritado na ventania, suas flechas atiradas na direção da mata virgem clamam por uma aldeia que reconheça a alteridade, as gramáticas não normativas, as sofisticadas dimensões ontológicas dos corpos disponíveis para o transe, a generosidade dos encontros, as tecnologias terapêuticas e populares do apaziguamento das almas pela maceração das folhas e pela fumaça dos cachimbos do Congo".

– continuaram a missão de semear os saberes umbandistas por terreiros de todas as bandas. A valorização da raiz indígena mostra-se mais presente em algumas tradições, que se aproximam do xamanismo e da pajelança, ainda que tal influência esteja presente na Umbanda como um todo. Nesses terreiros, pode haver ou não proximidade com a Jurema Sagrada, o Toré ou outras raízes – afinal, os diálogos são constantes.

Há ainda que se tomar cuidado para que as representações dos Caboclos nos terreiros não caiam em estereótipos que reforcem preconceitos ou nos afastem dos verdadeiros ensinamentos dos povos indígenas. Por simples desconhecimento ou mesmo por uma tentativa deliberada de negar as raízes ancestrais, existe o risco de representar os Caboclos como "índios de Hollywood" – ou ainda como indígenas de "alma branca", em um imaginário completamente dissociado das experiências reais dos povos originários. Por isso, é essencial ouvir, dialogar, sentir e, sobretudo, construir a disposição em aprender.

A história dos Caboclos na Umbanda não cabe apenas em livros, porque as religiões de matriz afro-indígena-brasileira possuem a base de seu conhecimento na oralidade – e tantas memórias se perderam por conta da marginalização e das perseguições sofridas pelos terreiros. Se deixamos de contar, as histórias se esvaem. A intenção aqui não é compilar todo o manancial histórico dos Caboclos na Umbanda, mas apenas apontar como esses guias foram artífices da formação dessa religião, assim como contribuíram Pretos Velhos, Exus e Pombagiras, Crianças, Malandros, Marinheiros, Ciganos e tantos outros trabalhadores de Aruanda. Uma pequena parcela dessa história possui registros documentais, enquanto uma imensidão de Caboclos e Caboclas que ajudaram a construir a Umbanda permanecem anônimos e desconhecidos – e assim é o trabalho deles, pois não buscam glórias e reconhecimento. Sua memória e seus ensinamentos, no entanto, permanecem vivos nos terreiros, e nossa humilde contribuição com este livro é entoar um canto de louvor a esses ancestrais que nos guiam.

SEGUNDA PARTE

"Ele é Caboclo da banda de lá": Caboclos e Orixás

9
As sagradas forças dos Orixás: vibrações divinas na natureza

> "Foi Zâmbi quem criou o mundo
> É Zâmbi quem vem governar
> Foi Zâmbi quem criou as estrelas
> Que iluminam Oxóssi lá no Juremá
> Okê, Okê, Okê
> Okê, meus Caboclos, Okê."

O Supremo Criador, força maior do Universo, chamado de Olorum pelos iorubás, Nzambi entre os bantos e Nhanderu entre os Guarani, manifesta-se em cada ser visível e invisível da natureza. Ele está presente no orvalho da noite, no voo do colibri pela manhã, no rastejar da cascavel, no murmúrio das cascatas, bem como no fogo, na chuva, nas estrelas, nas montanhas e nas areias da praia. Cada um dos raios ou das forças emanadas de Deus e manifestadas na natureza constitui aquilo que a Umbanda entende como os sagrados Orixás. A Mãe Natureza é, portanto, como um espelho que reflete a luz divina, gerando os seres que habitam os diferentes planos do Universo.

Na África, entre os iorubás, há a crença de que existem 401 Òrìṣà (400 + 1) que ocupam o lado direito do Cosmo, número que representa a possibilidade infinita do surgimento de novas divindades benévolas, como nos ensina Pai Márcio de Jagun (2015). O lado esquerdo é ocupado pelos *Ajogun*, em número de 201 (200 + 1), guerreiros malignos que interpõem desafios e oportunidades de aprendizado no caminho dos humanos, como a morte (*Ikú*) e a doença (*Àrùn*). Já Nei Lopes (2020, p. 92) discorre que, no ambiente africano, os Orixás são, em princípio, divindades locais, que correspondem a "cada uma das entidades sobrenaturais, forças da natureza emanadas de Olodumare, Olofim ou Olorum, que guiam a consciência dos seres vivos e protegem as atividades de manutenção das comunidades".

O fato é que, na Umbanda, nem todos os Orixás são cultuados, assim como nem todas as divindades conhecidas entre os iorubás atravessaram o Atlântico e chegaram ao Brasil na diáspora forçada pela escravização, entre os séculos XVI e XIX. Cada vertente de Umbanda adota um número específico de Orixás, e essa questão não é (nem precisa ser) consensual: algumas tradições falam em 7, outras em 14, há ainda aquelas que cultuam 9 e outras 16. O importante a ressaltar é que, nas diferentes concepções de Umbanda, os Orixás não se referem a localidades, comunidades ou pontos geográficos específicos, como entre os iorubás, mas correspondem a forças primordiais da natureza emanadas do Divino Criador: o fogo, o vento, a chuva, o ar, as águas doces, o mar, o barro, as florestas e os caminhos. Portanto, não seriam seres encarnantes, e sim forças ao mesmo tempo naturais e divinas, que se expressam nos ancestrais e em nós mesmos.

Na Aldeia de Luz, terreiro pelo qual somos responsáveis no plano terreno, cultuamos o Divino Criador, chamado de Olorum, Zâmbi ou Nhanderu, a Suprema Força, Deus que é Pai e Mãe. Ele se manifesta na Terra em especial por intermédio do maior dos Orixás, Oxalá (Orinxalá ou Obatalá, o "Grande Orixá", o senhor do pano branco). Abaixo dele, apresentam-se seis forças primordiais, masculinas e femininas, que respondem pelo direcionamento e condução dos trabalhos de Umbanda: Ogum, Oxóssi e Xangô; Iemanjá, Oxum e Iansã. A maior parte dos Caboclos e das Caboclas se manifesta com a vibração desses seis Orixás. No reino da Calunga, junto ao Cruzeiro das Almas, também vibram os Orixás Nanã, a mãe ancestral, e Obaluaiê, o senhor da cura e da terra, responsáveis pela orientação do trabalho dos Pretos Velhos e das Pretas Velhas (Linha das Santas Almas).

Além desses, cultuamos o Orixá Exu, que conduz inúmeros espíritos assentados à esquerda dos Orixás e que se apresentam como guardiões e guardiãs dos pontos sagrados de força. Atuam na Porteira (dos terreiros e das casas), na Calunga Pequena (cemitério), nas encruzilhadas e nas passagens entre os planos material e espiritual. A encruzilhada é território simbólico de Exu, Orixá do encontro e da comunicação: todos os cruzamentos têm a sua regência – entre os bantos, essa força corresponde a *Pambu-a-Njila*, dono das estradas e encruzas, assimilado na Umbanda como Pombagira, potência feminina. É equivocada a visão de que o espírito vinculado à falange de Exu e Pombagira é um "escravo" do Orixá: na realidade, os Exus e as Pombagiras da Umbanda são entidades de luz que, por compromissos espirituais, atuam nas sombras existentes em cada reino natural e contribuem assim para o equilíbrio do Universo.

Outros Orixás são reconhecidos como forças atuantes em nossas vidas, ainda que não se manifestem corriqueiramente no terreiro dentro do ritual de Umbanda, por intermédio dos Caboclos, mas podem vibrar sobre outras linhas de trabalho. São divindades que irradiam virtudes e qualidades sobre cada um de nós e a elas também prestamos tributo: Ossaim (o senhor das folhas, presente em todos os rituais que envolvem o axé vegetal), Oxumarê (o patrono do arco-íris, dono das sete cores, senhor da prosperidade), Ibeji (o Orixá gêmeo, que se relaciona à vibração das Crianças), Logun Edé (o Orixá do encanto, que nasce no encontro entre o rio e a mata), Obá (a guerreira passional e indomável, ligada ao fogo e aos rios caudalosos) e Tempo (ou Kitembo, divindade de origem banto que representa o fluxo temporal e os ciclos da natureza e da vida).

Cada ser humano conta com um Orixá responsável por seu Ori (centelha divina que rege nossa cabeça) durante a existência presente, auxiliado por um Orixá adjunto (ou juntó), formando assim um par de forças, ao qual se somam ainda outras energias complementares e provenientes de outras existências, de vínculos ancestrais e da missão que desempenhamos nesta vida. Como reconhecê-los? O método que utilizamos para identificar os Orixás que regem a coroa de um filho é a consulta com entidade incorporada (geralmente o guia chefe do terreiro), o que se confirma pela caminhada de desenvolvimento mediúnico. Para tal, uma virtude se faz imprescindível: a paciência. Antes de conhecer seu Orixá, é preciso saber o que ele representa. Essas forças nos constituem, e a elas estamos integrados, mesmo sem perceber. E mais além: cada um dos Orixás vive em nós, com maior ou menor intensidade, revelando-se ao longo dos momentos de nossa vida em detalhes sutis ou preponderantes. Isso significa que as forças que regem o Cosmo se ligam a cada fagulha de nosso ser.

Os Caboclos e os Orixás na Umbanda

É comum chamar de "Caboclo" o guia que se manifesta na irradiação de Oxóssi, o Orixá das matas. Contudo, os Caboclos são mediadores das forças sagradas da natureza vinculadas a cada um dos Orixás que atuam na Umbanda. Assim, ao adentrar um terreiro, podemos nos deparar, de forma mais corriqueira, com Caboclos de Oxóssi, Xangô, Ogum, Oxum, Iansã e Iemanjá. Esses são Orixás mantenedores da energia e condutores dos trabalhos realizados no plano terreno pelos guias de Umbanda. São os seis Orixás sustentadores das linhas de Caboclos e Caboclas, com a proeminência de Pai Oxóssi e de seu domínio sobre as florestas e a terra, em entrecruzamento com as águas doces (Oxum), o fogo e as pedreiras (Xangô), as estradas e campinas (Ogum), o vento (Iansã) e o mar (Iemanjá). Esses Orixás têm também relação direta com a missão atual da Umbanda na Terra e direcionam sua força na coroa (Ori) de um número expressivo de médiuns incorporantes.

Embora mais raros, é possível encontrar Caboclos que se vinculem a outros Orixás, como Oxalá, Nanã e Obaluaiê. No entanto, esses Orixás possuem correspondência maior com a linha de trabalho de Pretos Velhos e Pretas Velhas. O mais comum é que se apresente um Caboclo de Oxóssi na irradiação de Oxalá, isto é, no entrecruzamento das forças desses dois Orixás: seria, assim, um espírito ancestral que manipula os elementos pertencentes aos mistérios do Orixá das matas para servir aos propósitos de Oxalá (paz, concórdia, elevação espiritual e fé). O mesmo ocorre para Obaluaiê e Nanã, ou ainda Oxumarê e outros Orixás.

Em nossa casa, apresenta-se para os trabalhos a Cabocla Pena Roxa, da linha de Oxóssi, mas que serve à força de Nanã: é uma Cabocla velha, uma "cacurucaia" (anciã) da aldeia, que emana sabedoria e ternura. O arco da velha índia é uma gamela de madeira com a qual ela alimenta o seu povo. Caboclos que evocam a força de Obaluaiê geralmente são demandeiros, desmancham energias pesadas e negativas e voltam-se para a cura, como Seu Pantera-Negra – alguns deles são chamados de Caboclos "quimbandeiros", porque trabalham na condução de espíritos em sofrimento ou que habitam zonas sombrias.

Além dos Caboclos, que são espíritos que tiveram encarnações na Terra, podem se manifestar na Umbanda seres espirituais que habitam o reino sagrado dos Orixás, em planos existenciais não humanos – a diferença para os Caboclos e as Caboclas é que essas entidades não falam, pois não se caracterizam pela comunicação humana. Contudo, também não correspondem ao transe do Orixá no Candomblé, pois este envolve ritos iniciáticos específicos dessa religião. São entidades espirituais que irradiam a vibração essencial dos Orixás. É comum observar a sua presença nas linhas das Yabás, na forma de Sereias ou Encantadas das águas, que não falam, apenas invocam a essência das sagradas mães Orixás. Em nosso terreiro, é o que também ocorre nas manifestações ligadas a Obaluaiê e Nanã, podendo se dar com qualquer um dos Orixás.

Cada casa ou tradição possui uma maneira própria de interpretar e ressignificar esse mistério, não havendo uma que esteja certa e outra errada.

10
Caboclos na Umbanda: o que sua força representa?

"Oxalá mandou
E já mandou buscar
Os Caboclos da Jurema
Oi lá no Juremá

Pai Oxalá
É o rei do mundo inteiro
E já deu ordens à Jurema
Para enviar seus capangueiros."

Ele chega em terra com um assobio. "Caboclo não tem caminho para caminhar", como diz a cantiga, mas seus caminhos o levam até os terreiros de Umbanda, onde formam uma das principais linhas de trabalho. No entanto, o que essas entidades representam? De onde vêm e como atuam? Afinal, quem são eles?

Os Caboclos são espíritos ancestrais indígenas que atuam como mediadores das forças sagradas da natureza irradiadas a partir do Criador (Olorum, Zâmbi ou Nhanderu). Vinculam-se às espiritualidades dos povos originários e seu modo de pensar, sentir e existir em equilíbrio perfeito com a Mãe Terra. Representam a essência de cada um dos Orixás, aos quais se ligam por afinidade e sintonia. Portanto, são espíritos em comunhão com a Mãe Natureza e seus desdobramentos de força, como o fogo, o ar, a terra, a floresta, os animais, o reino mineral, o barro, as águas doces e o mar. São consciências que superaram o sentido da morte e se afirmaram como mensageiros do Grande Espírito: permanecem como expressão da vida em sintonia com as forças naturais. Por já terem vivido inúmeras encarnações na Terra e, sobretudo, pelo trabalho que exercem nas esferas espirituais, conhecem profundamente os seres, os mistérios e os ciclos dos reinos da natureza aos quais estão vinculados.

Uma questão polêmica se refere à definição ou não de todos os Caboclos como indígenas – impasse que divide umbandistas e, principalmente, teóricos e estudiosos da religião. Para desembaraçar esse nó, é essencial lembrar que na Umbanda não existem regras fixas – "cada terreiro é um terreiro", como costuma-se dizer, com regras e concepções próprias, e essa pluralidade da Umbanda é a sua maior riqueza. No entanto, mesmo que nem todos os Caboclos se apresentem como indígenas, sem dúvida há um forte vínculo com a cosmovisão dos povos originários no trabalho dessas entidades. Reconhecer e honrar essa tradição é uma necessidade e uma dívida histórica que se apresenta para a Umbanda.

Nos terreiros, manifestam-se como guerreiros, caçadores, flecheiros, lanceiros, curandeiros, rezadores, chefes ou caciques, xamãs, sábios, agricultores, pescadores, artesãos, matriarcas e encantadas das águas, entre outras inúmeras formas. As expressões espirituais que assumem são diversas, respondendo ao mistério dos Orixás aos quais se vinculam. Há Caboclos que se identificam como guerreiros, afirmando-se como "vencedores de demanda" – são capangueiros do Orixá Ogum. Outros transmitem sabedoria e senso de justiça, portando-se como conselheiros ou sábios, como aqueles que atuam junto a Xangô. Já as Caboclas que se ligam a Iansã podem se apresentar como guerreiras ou mulheres que lideraram suas comunidades, enquanto as de Iemanjá e Oxum evocam a imagem de rezadeiras, sacerdotisas, encantadas, sereias e conhecedoras dos mistérios das águas.

Mesmo que essa linha de trabalho possa receber espíritos que encarnaram em todas as regiões da Terra, há um vínculo profundo com as espiritualidades indígenas (no plural), cuja herança rememoram em seus trabalhos, na dinâmica dos rituais e na ligação que possuem com os seres e as forças sagradas da natureza. A presença dos Caboclos nos terreiros revela ainda a influência do culto aos ancestrais entre os bantos. Além disso, dialogam com a tradição nagô-iorubana, da qual provém o culto de Orixá. O terreiro de Umbanda é uma encruzilhada de saberes em que se encontram heranças indígenas, africanas e cristãs, a tal ponto que não se sabe onde é o começo e o fim de cada uma.

Caboclos: espíritos ancestrais ligados à natureza

Os Caboclos têm em Oxóssi, o Orixá da caça, da fartura, da liberdade e da inteligência, o seu patrono. Também estão vinculados à essência de outros Orixás, mas é em Oxóssi que encontram o simbolismo que caracteriza esta linha de trabalho nos terreiros e no imaginário umbandista. Tradicionalmente, em grande parte das casas, celebra-se o dia dos Caboclos em 20 de janeiro, consagrado a São Sebastião, o santo crivado de flechas que os cruzamentos culturais relacionaram a Oxóssi.

Caboclo é, acima de tudo, uma identidade espiritual ou um mistério para designar uma coletividade de espíritos ancestrais. São legítimos representantes, pelos terreiros de todas as bandas, da riqueza e da diversidade das espiritualidades indígenas, ainda que tragam também saberes de outros povos. Conhecedores das folhas, das pedras e dos animais – considerados nossos irmãos –, auxiliam na busca de equilíbrio e comunhão com a Mãe Terra, à qual nos integramos como parte da criação divina. São espíritos milenares ligados à mata e à terra, fontes de vida e saúde. Podem também habitar os rios, as pedreiras, as campinas, as minas de água doce, as praias e o alto-mar, a brisa mansa e o vento forte, dependendo da força do Orixá ao qual estão vinculados (Oxóssi, Ogum, Xangô, Iansã, Iemanjá, Oxum e outros).

Por meio da manifestação mediúnica, são guias orientadores de grande sabedoria. São pais, amigos e mestres. Com o poder de suas flechas, concedem direcionamento, esperança e cura. Transmitem também sentimentos de comunhão, partilha e fraternidade, pois somos filhos e filhas de uma mesma Aldeia. Despertam a transformação interior para que possamos nos libertar de angústias e sofrimentos e compreender o elo imperecível que nos liga ao Divino Criador, o Grande Espírito. Caboclo é a flecha da liberdade que conduz o nosso ser à plenitude.

Os nomes dos Caboclos

Entre os povos originários, a escolha de um nome não se dá ao acaso: a palavra carrega a essência espiritual. Para alguns povos, a cerimônia de definição do nome pode estar ligada à iniciação do jovem à vida comunitária, quando adolescente: ao nascer, ele recebe um nome provisório, que é alterado em seu momento de "despertar para o mundo". Os nomes próprios também podem estar relacionados a feitos de guerra e de caça, antepassados, habilidades pessoais, inimigos vencidos, seres da natureza, aspectos da personalidade ou questões espirituais. Para os Araweté, povo do tronco Tupi-Guarani estudado pelo antropólogo Eduardo Viveiros de Castro, a criança recebe um nome de infância ao nascer e o portará até o nascimento do primeiro filho (quando seu nome é alterado para "pai" ou "mãe" de tal pessoa). A onomástica (definição do nome) depende de três critérios: segundo um antepassado já falecido, uma divindade ou um inimigo. Esse é apenas um rico exemplo da importância dos nomes para os povos indígenas.

Na Umbanda, os nomes das entidades carregam, em sua poesia, a força espiritual de cada guia. É um mistério simbólico impossível de adentrar em sua totalidade, por meio do qual os espíritos identificam as irradiações às quais estão vinculados e a que Orixás se relacionam. Palavras têm poder de realização: os nomes são como invocações capazes de fazer pulsar a energia dos pontos de força da natureza e, consequentemente, de cada Orixá. Quando se diz que o Caboclo é Sete Pedreiras, invoca-se a força do reino de Xangô. Quando o Caboclo se apresenta como Rompe Mato, o verbo "romper" é potência de Ogum, assim como "abrir" e "desbravar", pois é Ogum quem vai na frente; porém, se é o mato que se rompe, a força do Orixá do ferro se manifesta em cruzamento com Oxóssi, o senhor da floresta.

Embora sejam espíritos ancestrais, os guias não se identificam pelos nomes que possuíram em existências anteriores. Cedem sua individualidade a uma identidade coletiva: deixam de ter esta ou aquela identificação e passam a responder a um mistério divino. O nome diz muito mais sobre o seu trabalho na Umbanda e no plano espiritual do que sobre quem eles foram em encarnações pregressas. Com isso, é possível encontrar um Caboclo Sete Flechas em cada terreiro espalhado pela Terra, sendo espíritos distintos, que respondem, no entanto, à força do mesmo mistério.

Somente o próprio guia da Lei de Umbanda pode falar sobre o significado de seu nome, assim como revelar o seu modo de trabalho. São respostas que vêm apenas com o tempo. Muitos médiuns quando ingressam no terreiro mostram-se ansiosos para descobrir a identidade de seus guias; alguns procuram oráculos divinatórios, quando estes são utilizados, ou perguntam a outras entidades ou a integrantes mais antigos do terreiro, como se fosse possível "desvendar" algo que diz respeito exclusivamente à sua própria experiência mediúnica e exige amadurecimento. Há também aqueles que se arvoram de nomes rebuscados e supostamente mais "populares" ou "poderosos", movidos pela vaidade, para serem reconhecidos como médiuns deste ou daquele Exu, deste ou daquele Caboclo de "fama". Para todas essas questões, vale um ensinamento: a mediunidade é um processo de transformação e despertar interior, das virtudes e da essência divina que vive em cada um de nós. Antes de incorporar ou saber qual é o "seu" Caboclo, é preciso estar disposto a absorver os valores e os ensinamentos desses guias que nos fazem enxergar além do nosso próprio umbigo.

Adiante, falaremos de cada uma das irradiações dos Orixás que abarcam a manifestação dos Caboclos e das Caboclas na Umbanda.

11
Ogum, o vencedor de demandas

"Se meu pai é Ogum
Vencedor de demandas
Ele vem de Aruanda
Pra salvar filhos de Umbanda."

Ogum é o Orixá do ferro, da ação, do ímpeto, da decisão, das batalhas e demandas, manifestação plena da Lei Divina, presente nos caminhos e nas estradas. Se algo ainda não foi inventado, é Ogum quem cria e abre a possibilidade do novo. Regente das ferramentas e da tecnologia, é o patrono do progresso e de tudo aquilo que obtém "caminho". É um Orixá que não se fixa em um ponto de forças específico, mas está presente em todos eles, como força motriz que impulsiona e desata os nós. Seu elemento de origem é a terra, e ele se faz presente em todos os reinos, principalmente nos campos abertos e nas campinas, que representam os campos de batalha, e nas estradas. Também se serve do elemento fogo para modelar o ferro, pois a metalurgia é seu domínio mais importante, do qual se utiliza para fabricar os instrumentos empregados pelos seres humanos em todas as profissões.

Invocado como "o vencedor de demandas", Ogum (*Ògún*) – rei de Iré – não apenas é o Orixá da guerra como aquele que campeia para sair vitorioso. A guerra aqui não tem um sentido literal, mas metafórico: são as batalhas que enfrentamos cotidianamente, dentro e fora de nós. Ogum é também luz e companhia nas aflições – ele ensina que, por mais que a batalha tenha sido árdua, o sol nunca deixa de nascer pela manhã. E é no romper da aurora que ele revela toda a sua potência, trazendo a energia do amanhecer e do que ainda é possível desbravar. Orixá pioneiro, da abertura e da iniciativa, é também ligado à agricultura, pois provê as ferramentas com as quais o ser humano trabalha a terra, como a enxada e o arado.

Na Umbanda, costuma-se afirmar a força de Ogum nos campos de batalha do Humaitá, onde "Ogum guerreou e venceu". "Humaitá" é uma palavra de origem tupi que significa "a pedra agora é negra". Era o nome de uma fortaleza do Paraguai, localizada na foz do rio e que impedia o inimigo de avançar – o nome indígena se deve à forte presença guarani na região. A Fortaleza de Humaitá ficou conhecida por uma batalha decisiva na Guerra do Paraguai, em 1868. A história nos conta que parcela considerável dos combatentes brasileiros era formada por negros escravizados, forçados a participar da guerra: na época, era costume a "compra de substitutos", em que membros das elites esquivavam-se do alistamento comprando escravizados para lutar em seu lugar. Para aqueles que sobreviveram ao conflito, como esquecer as imagens de morte e mutilações nos charcos paraguaios? O conflito marcou profundamente a vida daquelas pessoas, e os "campos do Humaitá" passaram a ser evocados como símbolo de vitória. A palavra adentrou o imaginário dos terreiros e passou a evocar a morada mística de Ogum, porque havia sido uma terra de penas e dor, mas também onde se provara a fé daquele povo.

Os Caboclos que se manifestam com a irradiação de Ogum apresentam-se como guerreiros e são sábios orientadores nas demandas difíceis. Transmitem a energia daqueles que lutam para vencer. São exímios manipuladores da magia de descarga, retiram negatividades e rompem elos obsessivos e aprisionantes. Entre os seus símbolos, destaca-se a espada, utilizada para irradiar luz e abrir caminhos por entre a escuridão, assim como o escudo, a lança e todas as ferramentas agrícolas. Nos planos espirituais, atuam como combatentes da Luz e da Lei Divina, com facilidade para descer a esferas sombrias do Embaixo sem sucumbir, ainda que sejam habitantes do Alto. Também propiciam o progresso e são entusiastas de novas missões, daquilo que represente desafio e ajude no aperfeiçoamento dos seres e no despertar das consciências.

São Caboclos que "rompem aurora", desvendam segredos e revelam o que está oculto. Com frequência, emanam a energia do amanhecer e têm ligação profunda com os astros, invocando a força da Lua, do Sol e das estrelas em seus trabalhos. "*Que cavaleiro é aquele que vem cavalgando pelo céu azul? É seu Ogum Matinata/Ele é defensor do Cruzeiro do Sul*", diz o verso de uma cantiga. É comum, no imaginário umbandista, representar os espíritos que se vinculam à irradiação de Ogum como "soldados", em arquétipos que remetem aos cruzados ou romanos, com armadura e manto encarnado, talvez pela forte influência do sincretismo com São Jorge. No entanto, há uma variedade de espíritos que podem se manifestar com a vibração deste Orixá – em outras palavras, um "Ogum" na Umbanda pode ser um lanceiro africano, um soldado do Oriente ou um *xondaro* (guerreiro) guarani. Por isso, é fundamental que o médium realmente abra o coração para ser tocado pela força do guia, sem limitações decorrentes de ideias preconcebidas. A experiência mediúnica pode e deve ser livre e libertadora.

Os caminhos de Ogum conduzem aos reinos sagrados da natureza, como o mar, os rios, as pedreiras e a mata. Cada desdobramento constitui uma falange*, que reúne a essência do Orixá Ogum no cruzamento com outro Orixá, sendo as falanges mais comuns:

• *Ogum Yara:* a palavra "Yara" tem origem tupi e refere-se à Mãe das águas (*Y* é uma vogal sagrada entre os Guarani, que quer dizer "água"). O caminho dessa falange de Ogum conduz às águas doces, sob regência de Oxum. São Caboclos que atuam, sobretudo, em demandas ligadas aos afetos e relacionamentos humanos. Também emanam

---

* O termo "falangeiro" pode ser utilizado para se referir ao espírito que responde à irradiação de um Orixá – por exemplo, "falangeiro de Ogum". Em algumas tradições, o falangeiro não é sinônimo de Caboclo; em outras, é. Em nossa concepção, entendemos como "falangeiro" qualquer manifestação que esteja vinculada à força de um Orixá, que pode ser, sim, um Caboclo, havendo a possibilidade ainda de se manifestarem outros seres espirituais provindos dos reinos dos Orixás.

energia mineral voltada para a cura. Nessa falange, teríamos, por exemplo, o Caboclo Sete Estrelas de Ogum Yara.

• *Ogum Beira-Mar: "Ao toque dos clarins, Seu Beira-Mar veio na Umbanda saravá"*. Essa falange representa o encontro de Ogum com Iemanjá. São guias vitoriosos nos trabalhos relacionados à família, ao equilíbrio mental e ao provimento material da casa. Alguns exemplos seriam Caboclo Sete Ondas, Ogum Marinho, Timbiri ou Sete Espadas de Ogum Beira-Mar.

• *Ogum Rompe Mato*: cruzamento das forças de Ogum com Oxóssi. É o caminho aberto na mata, reino que representa a fonte da vida e da cura. São guias que atuam em resoluções, decisões e iniciativas. São Caboclos "frenteiros", de grande poder de ímpeto e resolutividade. Nessa vibração, podem-se apresentar, a título de exemplo, Caboclo Tira-Teima ou Caboclo Pena Vermelha de Ogum Rompe Mato.

• *Ogum de Lei (ou Dilê)*: caminho que conduz ao reino da justiça, dominado por Xangô. São espíritos ancestrais que zelam pelo cumprimento da Lei Divina, de acordo com a dinâmica entre livre-arbítrio e responsabilidade. Um exemplo seria Caboclo Vence Demanda de Ogum de Lei.

• *Ogum Megê*: falange de exímios manipuladores do fogo, de descargas e limpezas, atuando nos caminhos de Mãe Iansã, na orientação e condução daqueles que vagam pela Calunga, e de Pai Obaluaiê, provedor da cura. Possuem forte ligação com a Calunga Pequena (cemitério). Nessa vibração, poderíamos encontrar, por exemplo, Caboclo da Lua de Ogum Megê.

• *Ogum Matinata*: a palavra "matinata" significa "espaço da manhã". São mensageiros do amanhecer, atuando na abertura de ciclos. Vinculam-se aos campos abertos, regidos por Oxalá, e podem também ter ligação com o Tempo. Exemplo: Caboclo Alvorada de Ogum Matinata.

• *Ogum Naruê, Ogum de Ronda ou Ogum Xoroquê*: são falanges distintas de Ogum em intermediação com Exu. São ordenanças da Lei Divina que atuam sobre as sombras – na esquerda dos Orixás –, principalmente em companhia de espíritos que sustentam a sagrada falange de Exus e Pombagiras. Exemplo: Caboclo Sete Estradas de Ogum de Ronda.

É impossível não se emocionar com o saravá de Ogum no romper da manhã: com a espada de luz erguida, o Caboclo saúda o nascer do sol. Nos terreiros, essas entidades se manifestam fazendo ronda, como cumpridores da Lei Divina, portando ferramentas astrais que dissolvem negatividades e irradiam energias benéficas. Cada Caboclo de Ogum traz um ensinamento. Seu Ogum Yara emana, ao mesmo tempo, fibra e doçura – nessa falange, em nossa casa, apresenta-se Seu Sete Estrelas de Ogum Yara, um mensageiro da luz divina. Quando chega no terreiro, Seu Ogum Beira-Mar traz consigo toda a força do reino de Iemanjá: é sentinela dos mares, com a armadura coberta de conchas. Para esses guias de grande tenacidade e força, não há caminhos fechados – quando um filho está em aflição, as palavras de Ogum são estímulo para não tombar: *"Ogum toma conta e dá conta"*.

Alguns nomes de Caboclos na vibração de Ogum: Sete Estrelas, Sete Espadas, Sete Lanças, Sete Estradas, Sete Ondas, Sete Luas, Sete Cruzes, Guerreiro, Vencedor, Caboclo da Lua, Rompe Mato, Rompe Nuvem, Rompe Ferro, Abre Caminho, Tira-Teima, Rompe Tudo, Aurora, Alvorada, Naruê, Nagô, Timbiri, Jaguari, Caiçara, Marinheiro, Marinho, Jaguarão, Tupinaquara, Tamoio, Águia Branca, Águia Dourada, Pena Vermelha. É possível encontrar alguns desses mesmos nomes ligados à vibração de outros Orixás, variando de acordo com a casa e a tradição.

Saudação: Ogunhê! (Ogum é vida) Patacori! (Ele é importante).[**]

Cor: vermelho e azul escuro.[***]

Elementos: terra, com ligação também com o ar e o fogo.

[**] Todos os significados das saudações dos Orixás foram baseados no livro de Márcio de Jagun (2015).

[***] As cores dos Orixás podem variar conforme a tradição da casa. Utilizamos como referência aquilo que observamos como mais recorrente.

12
Oxóssi, o senhor das matas

"Quem manda na mata é Oxóssi
Oxóssi é caçador, Oxóssi é caçador
Eu vi meu Pai assobiar
Ele mandou chamar
É de Aruanda auê
É de Aruanda auá
Todos Caboclos de Umbanda
É de Aruanda auê."

Oxóssi é o caçador de uma flecha só, aquele que não erra o alvo. Esse Odé (Ọ̀ṣọ́ọ̀sì), rei de Ketu, tornou-se um dos Orixás mais populares no Brasil pelo encontro entre dois rios de saberes: a tradição africana com a ancestralidade indígena. Por carregar um arco e flecha (ofá) e exercer o domínio sobre a caça, ele foi associado à figura dos povos originários, verdadeiros donos da terra. Quando fugiam para os quilombos, os negros antes escravizados tinham contato com alguns aldeamentos indígenas que resistiam à colonização; e desse diálogo formou-se um amálgama cultural que influenciou as religiões de matriz afro-indígena-brasileira. Não por acaso, Oxóssi foi elevado à posição de patrono da linha de Caboclos na Umbanda, ainda que esses guias possam estar vinculados a todos os Orixás. De um dos muitos caçadores iorubanos, tornou-se o soberano maior das matas em terras brasileiras.

Senhor da liberdade, da astúcia, da inteligência e do conhecimento, ele vive solitário na floresta, embora seja o responsável por prover a aldeia com os alimentos da caça. Carrega uma cobra-coral em sua perneira e uma sucuri em seu laço, cavalga em uma onça-parda e atravessa o rio montado no jacaré. É o Orixá que domina a força dos animais, invocados por meio dos rituais xamânicos. Por afinidade com Ossaim, divindade que vive no fundo da floresta e conhece o mistério das folhas (Ewé), herdou a regência sobre o reino vegetal nos trabalhos de Umbanda. Seu domínio, portanto, são as matas e os seres espirituais que nela habitam, incluindo minerais, vegetais e animais.

Para quem vive numa metrópole sem vínculos orgânicos com a Mãe Terra, pode parecer ultrapassado cultuar uma divindade da caça como Oxóssi, porém, é ele quem nos ajuda a atirar a flecha certeira, na hora apropriada e na direção precisa – "*somente Oxóssi é quem sabe onde a flecha caiu*", diz uma de suas cantigas mais populares. É ele quem rege a vida em comunidade, que nos ensina que todos somos descendentes da mesma raiz, filhos e filhas do mesmo chão: emana os sentidos de fraternidade, acolhimento e partilha. Oxóssi provê o alimento para a família e a aldeia, ligando-se aos atributos de fartura e prosperidade. Também nos orienta na busca por nossos objetivos, não apenas materiais, mas, sobretudo, aqueles relacionados aos propósitos existenciais. Oxóssi nos ensina a caçar a essência de nosso próprio ser: aquilo que possibilita nossa autodescoberta. É chamado de "o caçador de Almas": com seu assobio, convoca uma infinidade de espíritos e seres da floresta para auxiliá-lo em seu trabalho de modo cooperativo, como uma rede de organismos vivos em simbiose.

Contemplativo, acanhado, desconfiado, é amante do silêncio, mas quando se comunica revela toda sua beleza. O ofá concede mira, foco e direção. Cada flecha é única, assim como nenhuma oportunidade pode ser perdida: a sabedoria do caçador diz que o instante que passou não volta mais. Ao reino de Oxóssi, na Umbanda, integram-se outras divindades iorubanas da caça (Odés), como Inlé/Erinlé (caçador que se transforma em um rio e se relaciona com Oxum), Otin (a mulher caçadora) e Logun Edé (o príncipe do encanto, curandeiro de Edé, nascido do encontro entre o rio e a mata). A terra é seu elemento, pois é sobre ela que Oxóssi caminha – não a terra profunda, regida por Obaluaiê, mas a superfície por onde crescem as plantas e se movem os animais de caça.

Os Caboclos e as Caboclas que se vinculam à vibração desse Orixá são filhos e filhas da Terra, moradores da mata, e manipulam as energias vegetal, animal e mineral para promover cura e equilíbrio. Caminham sobre as folhas e vestem-se com saiote e cocar de penas e peles de animais, como símbolo de honra e reconhecimento. Esses espíritos ancestrais são profundos conhecedores dos mistérios das florestas e comunicam-se de modo harmonioso com seus seres, como elementais, encantados e outros espíritos, os quais invocam por meio de seus brados e assobios.

Ao baixarem em seus médiuns, apresentam-se com flechas, lanças, bodoques e outros instrumentos de caça e de guerra, que utilizam para irradiar luz sobre os planos materiais e espirituais: os raios disparados por eles cortam as dimensões etéreas e anulam magias negativas, dissipam energias densas e eliminam larvas astrais. Sua flecha cura e equilibra. Ao tocarem no solo, os Caboclos invocam as forças ancestrais da Terra. Trazem em sua companhia espíritos de animais, como cobras, onças, pássaros e insetos – dos quais se servem para curar e limpar o ambiente.

Nas moradas espirituais, são professores, conselheiros e amigos, além de curandeiros – têm especial destreza para curar e restaurar as forças de espíritos caídos ou sofredores, servindo-se de energias extraídas dos reinos naturais. Trabalham em profunda harmonia com a Mãe Terra (*Nhandexy*), respeitando os seus ciclos e compreendendo as dinâmicas do tempo. Nenhuma folha cai no solo sem a vontade do Pai, como diz a cantiga: "*Na sua aldeia, lá na Jurema, não se faz nada sem ordem suprema*". Esse é um dos ensinamentos trazidos por essa falange, que desperta em nós o sentido de que cada ser que habita o universo possui um propósito – e só poderemos compreender a complexidade dessas teias da vida ao iniciarmos o caminho da autodescoberta, que exige simplicidade, desprendimento e confiança.

Caboclos e Caboclas de Oxóssi formam uma extensa falange de espíritos que auxiliam nos pontos de socorro, hospitais e aldeias espirituais, para onde são conduzidos aqueles que necessitam refazer os laços comunitários e recuperar o sentido de fraternidade. Os "caçadores de almas" são os responsáveis pela manutenção desses aldeamentos erguidos na proximidade dos reinos naturais, como rios, cachoeiras, praias e matas, que são verdadeiros templos do cultivo do amor e do cuidado e permitem a restauração das forças e o despertar da consciência daqueles que são conduzidos para esses sítios.

Na Aldeia de Luz, o Caboclo Sete Flechas é um enviado de Oxóssi, um espírito ancestral de grande sabedoria, que ora atua como caçador, ora como curandeiro – descende do clã espiritual do jaguar e se apresenta como um xamã, profundo conhecedor dos mistérios da natureza. Cada uma de suas flechas irradia o atributo de um Orixá, e o animal que o acompanha é a onça-parda (ou puma), símbolo de liderança e cuidado com a comunidade. Em minha caminhada mediúnica, Sete Flechas foi coroado pelos saberes xamânicos do Caboclo Cobra-Coral, caçador de duas lanças, do clã da serpente, que "dava passagem" a um pajé/xamã por meio de um complexo fenômeno espiritual em que uma entidade incorporada, em seu médium, invoca outro espírito vindo de esferas vibratórias elevadas e distantes do plano terrestre. O pajé trazido por Caboclo Cobra-Coral era um ser neblina ou ser fumaça, se assim podemos defini-lo.

Sete Flechas fundou, em nosso plano, o terreiro Aldeia de Luz, depois de pedir permissão às divindades regentes de sete pontos sagrados da natureza. Para auxiliá-lo em sua missão, conta com a companhia de uma infinidade de espíritos de luz ordenados por Pai Oxalá. Junto à força de Oxóssi, ele é acompanhado por seus irmãos: Caboclo Pena Preta do Amanhecer, mensageiro da luz; Seu Pantera-Negra, curandeiro da noite; Flecha Dourada, seta que corta o tempo, consagrado pelo amor de Oxum; Seu Pena Branca, Indaiara e tantos outros guias. A Cabocla Jupira é uma jovem caçadora de Oxóssi, filha de Sete Flechas, que passeia sobre as folhas – seu nome quer dizer "planta que alimenta"; Cabocla Pena Roxa do Sereno, da linha de Oxóssi, é a avó zelosa da comunidade, com as bênçãos de Nanã; e Jurema é a caçadora do encanto, que banha o corpo ferido de seus filhos com ervas maceradas na água. Estes são apenas alguns exemplos de atuação dos Caboclos: cada terreiro possui sua rede de histórias narradas pelos guias, que não devem ser buscadas fora, mas dentro de seus próprios fundamentos.

Oxóssi nos oferece a oportunidade de autoconhecimento: é a flecha que aponta o caminho a seguir. Ao semear fartura e prosperidade, seus Caboclos e Caboclas ensinam que podemos nos tornar senhores de nossa própria caça, líderes de nosso próprio destino, provedores de nossa aldeia. Essa é a conquista da verdadeira liberdade: quando o ser alcança autonomia, mas ainda assim cultiva os vínculos comunitários como jornada de crescimento. Eles nos convidam a sentar em volta da roda de cura e a escutar os conselhos dos mais velhos, em cujas histórias encontramos pistas e rastros daquilo que buscamos em nossa própria existência. A flecha é certeira e ela está apontada para nós.

Alguns nomes de Caboclos na vibração de Oxóssi: Sete Flechas, Cobra-Coral, Sete Encruzilhadas, Rompe Mato, Arariboia, Tupinambá, Peri, Tupi, Ubirajara, Icaraí, Urubatão, Flecheiro, Flecha Dourada, Sete Cobras, Pantera-Negra, Pena Branca, Pena Verde, Pena Preta, Pena Dourada, Pena Vermelha, Pena Azul, Ventania, Juriti, Jiboia, Caçador, Guaraci, Girassol, Serra Negra, Arruda, Guiné, Aimoré, Junco Verde, Mata Virgem, Tupaíba, Tupiraci, Tabajara, Tupiniquim, Caboclo da Lua, Caboclo do Sol, Sete Estrelas, Tapuia, Tamaio, Mirim, Folha Verde, Sete Folhas, Jundiara, Tamandaré, Javari, Andaraí, Tapindaré, Jaguaré, Araúna, Samambaia, Caeté, Goitacá, Tabajara, Tucunaré, Canoeiro, Ubá, Arranca Toco, Guerreiro, Jaguarão. Alguns desses mesmos nomes podem ser encontrados na vibração de outros Orixás.

Alguns nomes de Caboclas na vibração de Oxóssi: Jurema, Jupira, Jacira, Indaiara, Iara, Iracema, Pena Roxa, Pena Dourada, Jaci, Caçadora, Juçara, Helena, Flor da Manhã.

Saudação: Okê arô! (Honrado nas alturas!) Okê bamboclim!

Elemento: terra.

Cor: verde.

13
Xangô, o rei do fogo e da justiça

"Xangô é forte,
É forte como um leão
Derrubou sete pedreiras
Sem ferir a sua mão."

O ponto revela a mironga: *"Dizem que Xangô mora na pedreira, mas não é lá sua morada verdadeira"*. Clamado no alto das montanhas e cordilheiras, Xangô é um Orixá que vive além: é o fogo do céu, que se manifesta nos trovões e nos raios, e o fogo do centro da terra (a lava vulcânica), que ao resfriar deu origem à crosta terrestre. Portanto, ele é o fogo divino, que tanto destrói como purifica. Contudo, é preciso compreender que sua potência destrutiva e renovadora não atua de modo desordenado: o sentido da justiça que caracteriza o reino desse Orixá implica em ponderação e no exercício constante da reflexão. Xangô (*Şàngó*) é um poderoso rei (obá), que governa com justiça, sabedoria, temperança e escuta.

Não se pode ser rei sem ouvir a voz de Oxalá. Antes de exercer o atributo do juízo e brandir o machado de duas asas (oxê), seu maior símbolo, Xangô se curva em reverência e com humildade aos pés do mistério divino. Não é possível governar com empáfia, autoritarismo e arrogância. Xangô é a justiça em toda a sua plenitude, que pondera, reflete, observa e contempla. Do alto das cordilheiras e montanhas da Terra, o conselho dos sábios de Xangô se reúne para refletir sobre os rumos tomados pelos seres, bem como para irradiar sabedoria para as quatro direções do planeta. Para julgar, é preciso antes de tudo não pre-julgar, o que exige o tempo certo do juízo. Este Orixá anda junto com o Tempo, pois traça com precisão a duração de cada prova.

Contudo, Xangô também é a ira do trovão, a justiça que se faz implacável. O fogo sagrado é um símbolo que atravessa diferentes re-ligiões. É elemento de característica "temperamental", que precisa ser alimentado para existir. Para Xangô, não existe metade: é tudo ou nada. Ou somos justos ou caímos no abismo da injustiça. Outro aspecto pou-co mencionado deste Orixá é que ele se vincula aos extremos, faz-se presente nas demandas difíceis e nas durezas da vida, às quais "quebra" com seu machado e seus raios. *"Xangô colocou pedra em meu caminho, não era para eu pisar"*, diz o verso de uma cantiga.

Nos terreiros de Umbanda, é recorrente a simbologia de Xangô as-sociada aos livros, tanto em seus pontos cantados quanto nas questões sobre as quais ele possui regência. Ele ampara filhos e filhas em situações que envolvam tribunais, processos legais e demandas na Justiça; e rege os estudos e o reino da racionalidade.

Xangô representa o encontro da oralidade com o conhecimento letrado, saberes que se complementam e se cruzam nos terreiros. Um não deve se impor ao outro. Para exercer a justiça, ele se dispõe a ou-vir, sempre com o firme propósito de ensinar: se a demanda for justa, ele nos ampara; se for injusta, ele nos esclarece. Certa vez, um Caboclo de Xangô, Seu Sete Pedreiras das Almas, nos disse que é preciso com-preender o peso do machado de Xangô, pois ele tem duas pontas: o mesmo golpe que vai, volta. O mal que se faz é o mal que se recebe. O bem que se faz é o bem que se recebe. *"Trovada que vem, trovada que vai, é o brado do velho Xangô"*, diz o ponto.

Os Caboclos de Xangô manifestam-se na Umbanda como sábios e conselheiros, guias de grande senso de justiça e responsabilidade, irra-diando energia pujante e, ao mesmo tempo, equilibradora. São espíritos ancestrais ligados à força do fogo, seja a lava vulcânica ou os raios. Entre as muitas roupagens fluídicas que assumem, podem evocar a simbologia de líderes indígenas ou reis africanos, por exemplo – embora não possamos restringir a variedade de formas pelas quais os guias se apresentam na Umbanda. Frequentemente (e não se trata nunca de uma regra geral, pois a expressão da mediunidade é sempre única), eles se mostram com uma incorporação forte e muito concentrada, o que pode representar – simbolicamente – o peso de quem carrega o machado dos raios.

O sentido da justiça manifesta-se na vida e na morte, em cada passo dado pelos seres humanos, das relações afetivas à realização profissional. Por isso, a vibração de Xangô está presente em todos os reinos naturais, em cruzamento com os outros Orixás. Não podemos descrever todas as vibrações, uma vez que são infinitas, mas entre as mais presentes nos trabalhos de Umbanda, citamos:

- *Xangô das Almas*: são Caboclos que atuam na Calunga, junto ao mistério de Pai Obaluaiê/Omolu, orientando as almas encarnantes sobre erros e acertos;
- *Xangô do Tempo*: é uma irradiação que se ocupa do fluxo da vida e tem ciência para julgar a duração dos carmas e das provas;
- *Xangô dos Raios* (*Djucatá*): força direcionadora das leis divinas, junto à Mãe Iansã, conduzindo os ventos e as tempestades (e aqueles que precisam de direção);
- *Xangô das Cachoeiras*: amparam, energizam e purificam, em confluência com Oxum, especialmente aqueles que se desequilibraram por atos injustos;
- *Xangô do Fogo*: energia bruta e essencial do Orixá, rica em vitalidade, que se destina a queimar o que há de negativo em nós e sobre nós;
- *Xangô da Pedra Branca*: ampara e promove a justiça nos campos da paz e da religiosidade, em harmonia com a vibração de Pai Oxalá.

Esses são apenas alguns exemplos para ilustrar a diversidade de desdobramentos de Xangô, manifestados na Umbanda por intermédio de seus Caboclos. Segundo a tradição iorubana, o culto a Xangô envolve 12 qualidades ou caminhos, alguns deles fazendo referência aos títulos e às honras atribuídos a este Orixá. Como as fronteiras entre as religiosidades não são rígidas, essas qualidades e potências podem se apresentar também na Umbanda, convergindo com os desdobramentos mencionados anteriormente. Dessa forma, Xangô é aclamado como: Alafim, o grande governante de Oyó, importante cidade iorubana, dono do palácio, com caminhos com Oxaguian; Afonjá, líder do exército ao lado de Oyá, uma qualidade de Xangô guerreiro em disputa com Ogum; Agodô, que utiliza dois oxês, rei das pedreiras e da cachoeira, próximo a Oxum e Iemanjá; Aganju, guerreiro jovem, explosivo como um vulcão, ligado também a Iemanjá, entre outros.

Assim como o fogo tem caráter ambíguo, pois cura ou destrói, Xangô pode vir aos terreiros com a vitalidade de um jovem ou a sobriedade de um ancião. Além do machado, ele é simbolizado por alguns animais, como o leão, a tartaruga e o rouxinol, invocados também em seus trabalhos. A lição de Xangô é sobre a governança sábia: como domar os leões, dançar com o fogo, engolir e cuspir os raios e ainda exercer o juízo sobre uma comunidade e sobre nós mesmos com ponderação e equilíbrio. Com a força do corisco, tal como Nhanderu Tupã, ele nos ensina a governar nossa própria vida no sentido da sabedoria e da verdade – a arrebentar sete pedreiras com o poder da fé.

Alguns nomes de Caboclos na vibração de Xangô: Sete Pedreiras, Sete Montanhas, Sete Serras, Serra Negra, Cachoeira, Xangô da Mina, Tupã, Alafim, Kaô, Agodô, Aganju, Pedra Branca, Pedra Preta, Sete Pedras, Ventania, Trovoada, Sete Cachoeiras, Sete Ventos, Quebra Pedra, Quebra Demanda, Treme Terra, Arranca Toco, Justiceiro, Machado de Ouro, Itacolomy, Itacuruçá (o prefixo "ita", em tupi, significa "pedra"), Corisco, Caboclo do Sol, Cachoeirinha, Urubatão, Sultão das Matas, Girassol, Cobra-Coral. Também é possível a manifestação de Caboclas de Xangô com nomes que se relacionem às forças de seu reino.

Saudação: Kaô Kabecile! ("Permita-nos olhar para Vossa Alteza Real!").

Cor: Marrom (ou ainda vermelho, de acordo com a tradição).

Elemento: fogo.

14
Iemanjá, a mãe das águas do mar

> "Como é lindo o canto de Iemanjá
> Sempre faz o pescador chorar
> Quem escuta a Mãe d'água cantar
> Vai com ela pro fundo do mar."

Todas as formas de vida existentes na Terra tiveram sua origem no mar, sob a regência da grande mãe dos Orixás, senhora das cabeças e "mãe cujos filhos são peixes" (*Yemọjá*). Iemanjá estende suas mãos generosas e complacentes sobre a superfície do mundo e irradia bênçãos sobre todos os seres dotados de vida, paridos da imensidão das águas salgadas, chamada de Calunga grande. Na cosmologia banto-congo, segundo o ensinamento do pensador Bunseki Fu-Kiau, por intermédio de Tiganá Santana Neves Santos (2019), no princípio havia o vazio (*mbungi*), no qual emergiu uma força de fogo completa em si mesma, chamada de *Kalunga*, a fonte da vida. Princípio potente e dinamizador, desencadeou as mudanças na Terra; do resfriamento da superfície, surgiu a água. *Kalunga* é palavra também empregada para se referir ao oceano, compreendido como um portal entre os dois mundos, o físico e o espírito.

Na África, *Yemọjá* é mãe cultuada em um rio (*"Odò iyá!"*, ou "Mãe do rio!"). Trazida ao Brasil na longa travessia dos escravizados sobre o Oceano Atlântico, no porão dos navios tumbeiros, ela passou a ser compreendida como a grande soberana do mar e talvez a Orixá mais popular em terras brasileiras. Assim como suas águas banham todos os continentes e integram os povos da Terra por meio da navegação, Iemanjá emerge como a grande mãe, que sustenta a humanidade na travessia pelo mundo. Ela conduz com serenidade o barco que singra o oceano tormentoso. O mar é um grande ponto de força planetário, que possui poder decantador e curativo: no vai e vem das ondas e das correntes marítimas, a Mãe das águas salgadas atua como princípio equilibrador sobre os seres. É o oceano que regula tanto as temperaturas quanto as vibrações que circundam o mundo.

Iemanjá possui domínio sobre a maternidade: é a mãe que amamenta, cuida, educa. Ampara todos os seres ao nascerem, tornando-se "senhora das cabeças", dona de todos os Oris. Tem grande ligação com Oxalá, regente planetário em nome do Pai Criador, responsável também pela geração da vida. Sempre ao lavar a cabeça de um filho na Umbanda, pedimos licença a ela, que rege ainda a saúde mental e psicológica. Quando estamos em aflição ou sofrimentos psíquicos, decorrentes de ansiedade, pânico, depressão, luto ou tristeza, é Iemanjá quem vem nos valer, lavando nossa coroa com suas águas purificadoras. Assim como as marés respondem ao ciclo lunar, Iemanjá tem sintonia com a força da lua, emanando vibrações que tranquilizam e acalmam.

O vai e vem das ondas mostra que tudo é passageiro ou transitório. Nada permanece. Quantas vezes nos julgamos poderosos e acabamos nos afundando em mero egoísmo? Por que não compreendemos que somos gotas de água no oceano? Integrados às forças naturais, o oceano de mãe Iemanjá vibra em nós: nosso corpo é constituído de água e nosso Ori clama por boas intuições e bons caminhos. No barquinho de Iemanjá, somos conduzidos até o porto seguro e aprendemos a remar e a navegar com destreza e coragem.

As Caboclas e os Caboclos de Iemanjá vibram em todos os pontos de força ligados ao mar, como as praias, os penhascos à beira-mar, os corais, a superfície das águas e a profundeza misteriosa dos oceanos. O mar alterna suas cores de acordo com os reflexos solares: pode se revelar azul, verde, dourado, prateado, cinza ou negro. Diversos são também os campos de atuação das entidades que se manifestam nos terreiros em nome desta Yabá. As Caboclas de Iemanjá são mães, regentes do Sagrado Feminino, e emanam ternura, generosidade e cuidado, embalando os seres em seu colo. Atuam na harmonia familiar e no equilíbrio mental com a irradiação do elemento aquático. São guerreiras, caçadoras, pescadoras e sacerdotisas que manipulam a força e o mistério das águas. Também trabalham com magia de descarga, limpando as casas, os locais de trabalho, os corpos espirituais e o terreiro após a gira, em verdadeiros banhos de águas salgadas.

Como mães generosas e acolhedoras, recebem os espíritos que são conduzidos até o mar para restaurar o equilíbrio. Uma infinidade de seres espirituais reside em seus domínios e auxilia nesse propósito, como sereias, encantados, peixes, animais marinhos e seres não encarnantes que ultrapassam a compreensão humana. O predomínio de uma visão racionalista faz crer que as colônias ou cidades astrais são semelhantes às metrópoles da Terra; no entanto, as experiências da vida espiritual estão além daquilo que somos capazes de enxergar. Cidades e aldeias espirituais estão ancorados no fundo dos oceanos, como um farol que brilha em meio à noite escura.

Nas profundezas e zonas abissais, onde não chega a luz solar, vibram Nanã e Obaluaiê. É o território dos navios naufragados e das vidas distantes da forma humana. Para essas regiões, são encaminhados espíritos que necessitam de grande ajuste em sua essência por atos cometidos contra a Lei Divina, contra a natureza e seus semelhantes, podendo sofrer inclusive deformações na forma espiritual (não por castigo, mas como reflexo da lei de "causa e efeito"). Também atuam, nesses campos, falangeiros de Ogum e Exu, como Seu Exu do Lodo e outros guardiões e guardiãs assentados no ponto de força do mar, incumbidos de zelar pelo equilíbrio no reino aquático. Nesses casos, o mar é como um bálsamo a restabelecer a centelha divina que existe em cada ser.

A rainha do mar tem muitos nomes, cada um deles relacionado a um atributo ou qualidade, como diferentes irradiações da mesma força: Ogunté é a senhora guerreira, mãe e companheira de Ogum; Sobá é uma matriarca velha, que veste branco e rege as zonas mais profundas do oceano; Inaê se apresenta como uma jovem sereia, moradora das águas rasas, acompanhada por peixes, estrelas-do-mar, conchas e cavalos marinhos. Nos terreiros de Umbanda, é frequente evocar o nome de Janaína, que corresponde a uma das Caboclas mais conhecidas de Iemanjá. Coroada com flores e conchas, Janaína emerge à superfície das águas e abençoa, com a luz de sua estrela, a todos aqueles que a contemplam.

O canto mavioso das Caboclas de Iemanjá são mantras que curam e libertam a alma de sofrimentos, como afirma uma de suas cantigas: *"Quem escuta a Mãe d'água cantar/ Vai com ela pro fundo do mar"*. Junto às Caboclas, ainda que menos frequentes, também se manifestam Caboclos na irradiação de Iemanjá, geralmente sob a roupagem de pescadores ou guerreiros das ondas, como Sete Ondas e Beira-Mar, que também podem vir na irradiação de Ogum. Patrona daqueles que vivem do mar, Iemanjá vibra ainda sobre outra linha de trabalho na Umbanda: o chamado Povo d'água, ao qual se agregam Marinheiros e Marinheiras. São navegadores de todos os cantos da Terra que se apresentam nos terreiros sob a luz da Estrela Guia. No balanço das marés, descarregam e conduzem vibrações negativas até a Calunga, para que o ciclo da vida se renove.

O colo de Iemanjá é generoso e nele cabem todos os povos da Terra – não por acaso, ela é a mãe de todos os peixes. Não há distinção de origem, classe social, etnia, cor da pele ou credo: ela acolhe todos nós em seu barco até o destino seguro. Emana o sentido da universalidade e da fraternidade entre todos os seres humanos, pois se faz presente no Norte e no Sul, no Leste e no Oeste. Também nos ensina sobre a harmonia da humanidade com os demais seres aquáticos, nossos ancestrais na aurora dos tempos. Estrela mística de seis pontas, Iemanjá é a soberana do equilíbrio que auxilia nas travessias difíceis e nos revela que somos o "sal da Terra", pois ela é capaz de fazer a luz brilhar em nós.

Alguns nomes de Caboclas na irradiação de Iemanjá: Janaína, Jandira, Iracema, Inaê, Jurema da Praia, Indaiara, Estrela, Estrela-d'Alva, Cabocla da Lua, Jaci, Pérola do Mar, Indaiá, Lua Nova, Lua Cheia,

Cabocla das Águas Profundas, Estrela-do-Mar, Cabocla das Marés, Cabocla da Praia, Mariana, Luzia, Jussara, Cabocla da Areia, Areia Branca, Cabocla do Cais, Mariana dos Sete Mares.

Alguns nomes de Caboclos na irradiação de Iemanjá: Sete Ondas, Sete Estrelas, Sete Luas, Beira-Mar, Pescador, Navegante.

Saudação: Odoyá! ("Mãe das águas!") ou Odocyabá! (vem de *Odò fé Ìyá àgbá* – "Amada matriarca das águas").

Cores: azul, prata e branco transparente.

Elemento: água.

15
Oxum, a senhora das águas doces

> "Foi na beira do rio
> Onde Oxum chorou
> Chora iê ô
> Oi chora pelos filhos seus."

Oxum mora no murmúrio das cascatas, no remanso do riacho, debaixo dos seixos dos rios, nas corredeiras e cachoeiras, no bailado dos peixes, nas asas do colibri e no canto do canário da terra. Mãe dos afetos e do encanto, ela rege o território desconhecido do coração, o equilíbrio das emoções – senhora do amor e da fertilidade. Sem Oxum, não há vida sobre a Terra. É uma poderosa matriarca que simboliza a força do Sagrado Feminino: quando os Orixás masculinos tentaram excluir as mulheres das decisões, Oxum retirou a fertilidade dos seres e nada mais floresceu sobre o mundo. Assim ela se fez respeitada, e a ela prestamos reverência, como senhora do útero e das águas doces.

À margem dos rios, floresceram os povos, a agricultura prosperou, o ser humano aprendeu a arte de navegar, a terra produziu riqueza e biodiversidade. Amazonas, São Francisco, Araguaia e tantos outros rios sagrados são fonte de vida para nós, seres humanos, e outros seres viventes e espirituais que habitam o leito e o entorno de mananciais, ribeirões, riachos, rios, cachoeiras e igarapés. Oxum também é a senhora do ouro, erroneamente confundida com futilidade e extravagância – ela jamais seria fútil, pois seus mistérios são profundos. O ouro de Oxum é o amor; e seu maior tesouro são seus filhos. O amor é a semente da vida com a qual Oxum fecunda nossos seres, a centelha que nos liga ao Criador, como um cordão umbilical que une mãe e filho. Quando falamos de amor, não nos referimos apenas aos relacionamentos entre casais – em todas as suas expressões, pois todas as formas de amor são abençoadas –, mas o amor como sentimento universal: amor-próprio, amor familiar, amor entre amigos, amor pela vida e por todos os seres da Terra.

Ela é a mãe da comunidade (*Ìyálóde*), ao mesmo tempo guerreira e doce, amorosa e estrategista. Na África, Oxum (*Òṣùn*) era a governante de Iléṣà (do povo Ijexá), uma poderosa Yabá que exercia a diplomacia com sabedoria e astúcia. Ela também possui ligação com o culto das mães feiticeiras (as *Iá Mi Oxorongás*), e é considerada "a senhora de todas as mães dos pássaros". É o pavão e o abutre – pois a beleza que ela rege está muito além das convenções sociais. O que é belo para nós? Nossa visão de beleza está aprisionada por padrões estéticos impostos pela sociedade, que nublam e distorcem nossos olhares. Oxum nos questiona: o que é ter vaidade? É cultivar amor-próprio, sem egoísmo, ou converter a si mesmo numa mercadoria a ser consumida? A que atribuímos valor na vida? O que é ouro para nós?

Oxum tem poder sobre o encantamento: com mel e flores, ela seduz o caçador. E o que seria se *encantar*? É um mergulho na magia que possibilita o despertar da consciência, ao reavivar a essência espiritual. É necessário fechar os olhos para enxergar de verdade. É preciso submergir para ser outro. Ninguém entra nas águas de um rio e sai a mesma pessoa. Oxum é o desabrochar da intuição, da sensibilidade, das paixões sinceras, da intensidade e do equilíbrio dos sentimentos. É ela quem nos ajuda a viver em harmonia com o que sentimos – esse é o verdadeiro significado do dourado dessa mãe sagrada. Antes de agir, é preciso compreender; porém, antes de compreender, é preciso sentir. Só quem sente é capaz de acordar a própria força.

Por isso, Oxum rege a clarividência e a sensibilidade intuitiva e auxilia na caminhada espiritual. A mediunidade passa pela emoção e envolve o sentir. Não existe médium neutro nem exercício da mediunidade no campo puramente racional. Esse é um mito que precisamos desconstruir: ao vivenciar as experiências em nossos corpos, por meio da dança, do arrepio, do suor, do paladar, do cheiro, da música, lapidamos o nosso ser e nos colocamos disponíveis para a gira do mundo. Com o poder das águas, Oxum também nos liberta de sentimentos aprisionantes e obsessivos, como as mágoas que sentimos ("má água", águas paradas e apodrecidas). Ela é mãe da generosidade e da ternura, pois nos ensina a doar o que temos de mais precioso, o nosso verdadeiro ouro. *Eu sou da mina, eu sou da mina de ouro/Onde mora mamãe Oxum, guardiã do meu tesouro*", diz a letra de uma cantiga.

Do reino das águas, vêm as Caboclas e os Caboclos que respondem à vibração de Oxum e atuam como nossos guias no campo dos sentimentos. São entidades de luz que vibram com carinho e acolhimento sobre o coração, aliviando tristezas e sofrimentos e ajudando a recuperar o equilíbrio das emoções. Socorrem espíritos caídos por excessos ou falta de amor, em decorrência de ciúme, egoísmo, inveja, desamor, desarmonia e relações obsessivas ou abusivas. Propiciam o fluxo das águas em nosso ser, desencadeando a correnteza dos sentimentos – por isso, geralmente se manifestam com lágrimas e cantos, tal como mantras que lavam e purificam a alma.

São muitas as suas faces que representam qualidades e irradiações: Apará é aquela que possui o atributo de guerreira e vibra em cruzamento com Iansã; Ipondá é a senhora da beleza, jovem e guerreira, mãe de Logun Edé; Karê é uma caçadora, vinculada a Oxóssi; Ijimu é uma Oxum velha, das profundezas dos rios, com ligação com as Iyamís. Os rios podem ser mansos ou caudalosos, pacíficos ou revoltos, com águas transparentes ou barrosas, assim como são múltiplas as manifestações do amor.

Nos terreiros de Umbanda, a forma mais corrente de Oxum se apresentar é por meio de suas Caboclas – que são espíritos encantados nos rios, mães e protetoras da energia curativa das águas doces, irradiadoras da força do Sagrado Feminino. Cada uma de suas moradas define sua forma de atuação: elas podem emanar a energia das fontes e mananciais (nascimento), das cachoeiras e quedas-d'água (batalhas da vida e demandas), dos rios (fluidez), dos riachos e igarapés (desenvolvimento, renovação e amadurecimento) e do encontro com o mar (transmutação). No plano espiritual, são como curandeiras que recebem, em suas águas, espíritos sofridos e desequilibrados e cuidam de sofrimentos, dores, culpas e tristezas.

Ainda que menos frequentes, também existem os Caboclos de Oxum, que atuam como seus sentinelas ou mensageiros. Na Aldeia de Luz, recebemos o amparo do Caboclo da Estrela Guia, um falangeiro que irradia a força de Oxum e de seu filho, Logun Edé. Esse mesmo Caboclo se faz presente em trabalhos de cura sob a forma de um Mestre do Oriente, que se identifica como Sirius, Mestre da Luz Dourada – nome de uma estrela da constelação de Cão Maior, a estrela mais brilhante do céu. A esse Caboclo se soma uma corte de Caboclas e Encantadas das águas, que com seus cantos maviosos inebriam os corações dos filhos de fé e derramam o seu banho curativo e restaurador: como a Cabocla da Ponta do Riacho, Luz da Cachoeira, Estrela do Riacho, Cabocla de Oxum Sete Quedas e Flor do Amanhecer.

Oxum contempla-se no espelho à beira d'água. Com o abebé, seu maior símbolo, ela revela o belo e o sublime que está oculto em nós. Estamos prontos para mergulhar em seu encanto?

Alguns nomes de Caboclas na irradiação de Oxum: Estrela Guia, Estrela-D'Alva, Flor do Amanhecer, Cabocla da Ponta do Riacho, Estrela do Riacho, Sete Cachoeiras, Sete Quedas, Luz da Cachoeira, Açucena, Pena Dourada, Yara, Indaiá, Luana, Potira, Menina, Cabocla do Ouro, Estrela da Manhã, Cabocla da Lua, Lírio Branco, do Lírio, Rosa Branca, Rosa Amarela.

Alguns nomes de Caboclos na irradiação de Oxum: Estrela, Areia Branca, Beira-Rio, Cachoeirinha, das Cachoeiras, da Lua, Sete Cachoeiras, Lua Nova.

Saudação: Ore yê ô! ("Oore yèyè, o!" – "Oh, Mãezinha da bondade!").

Cores: amarelo ou azul claro (de acordo com a tradição).
Elemento: água.

Logun Edé

Existe Logun Edé na Umbanda? Filho de Oxum e Erinlé, um Odé por vezes associado a Oxóssi, Logun Edé é o príncipe do encanto, Orixá feiticeiro que "mostra a pele que desejar: se mostra a pele clara hoje, amanhã mostrará a pele escura", como diz uma de suas cantigas (*orikis*). Com regência sobre os elementos terra e água, ele mora nas fronteiras entre a mata e os rios: durante seis meses, vive em terra, comendo caça com os Odés; e nos outros seis meses, sob as águas, com sua mãe, comendo peixe. "É o Orixá filho por excelência", como escreveu Nei Lopes (2002), pois carrega a natureza de seu pai e de sua mãe, sendo também ele mesmo – a unidade na diversidade. Com intensa relação com Oxum, de quem também é mensageiro, Logun Edé pode, sim, vibrar na Umbanda, assim como na coroa de qualquer filho ou filha da Terra, independentemente de sua religião – mesmo que não haja iniciação ou incorporação. Logun Edé é a força do Sagrado Feminino de Oxum vibrando no masculino: ele nos ensina a ser homens que respeitam e honram o amor. *Olóogun* é feiticeiro, aquele que emprega poções para curar – o caçador mágico, o pescador de almas, fruto do encontro entre dois reinos dotados de vida, a floresta e as águas doces. Na Umbanda que praticamos, ele pode vibrar junto com Oxum na manifestação de seus Caboclos.

Saudação: Loci Loci ("Nós o reverenciamos neste momento!").
Cores: amarelo e azul turquesa.
Elementos: terra e água.

16
Iansã, a força indomável dos ventos

> "Iansã, Orixá de Umbanda
> Rainha do nosso congá
> Saravá, Iansã lá na Aruanda
> Eparrey! Eparrey!
> Iansã venceu demanda."

Ninguém é capaz de deter a força da mulher que veste o couro do búfalo. Brisa ou vendaval, búfalo ou borboleta, Iansã é a Orixá dos ventos e das tempestades, aquela que está em todos os lugares e ao mesmo tempo não se fixa em nenhum: sempre em busca do horizonte, mostrando a direção àqueles que pedem o seu auxílio. Seu nome é Oyá (Ọya) e seu domínio é o ar, junto com Oxalá e Ogum – ela é puro movimento. Iansã é o título pela qual esta poderosa guerreira se faz conhecida: Ìyá Mẹ́san Ọ̀run, a "Mãe dos nove espaços siderais". Ela transita entre o Aiyé (a Terra) e o Orun (morada suprema do Criador), abrindo caminho em meio à tempestade. Dona dos raios, Iansã catalisa a energia dos céus para agitar o que se encontra estagnado e dar rumo ao que está fora de lugar.

Na natureza, os ventos fazem a energia circular, conduzem e trazem renovação. Quando é brisa mansa, Iansã refresca. Ao se tornar tempestade caudalosa, destrói. Ela é a chuva que fertiliza, senhora dos raios que iluminam a escuridão. Na África, Oyá é cultuada no Rio Níger. Esta mãe guerreira também está ligada ao ciclo das águas, mas de forma diferente de Iemanjá, Oxum e Nanã, pois é a água evaporada que se movimenta no céu, na forma das nuvens de chuva conduzidas pelo vento – por meio dos fenômenos físicos, a água transita entre os estados sólido, líquido e gasoso. O movimento do Tempo, ligado à energia dos ventos, conta com a regência de Iansã. Se nascemos do ventre de Oxum e somos gerados a partir das águas de Iemanjá, é Oyá quem temos ao nosso lado nos campos de batalha. Ela é companheira constante das guerras com as quais nos defrontamos.

Com sua força eólica, Iansã tem domínio sobre os espíritos errantes e perdidos – é conhecida como senhora dos eguns. Ao empunhar o alfanje (pequena espada curva de cobre) e o irukerê (ferramenta feita com rabo de cavalo ou de búfalo), ela varre as dimensões do tempo e do espaço, dando caminho àqueles que estão desorientados. Os raios atuam como elementos desagregadores nas sombras, por meio de descargas elétricas: no mundo espiritual, as entidades que servem ao mistério de Iansã manipulam a potência dos ventos e das tempestades para romper cadeias, correntes, obsessões e energias solidificadas.

Oyá venta para limpar a nossa aura, libertar a mente e abrir os pensamentos. Costumamos dizer que depois da tempestade, vem a bonança, porque a chuva forte lava e renova, trazendo uma aragem revigorante. Quando somos prisioneiros de pensamentos e sentimentos negativos, é Iansã quem rompe os grilhões. Seu poder de cura é a capacidade de deixar leve, de ajudar a vencer as batalhas difíceis, concedendo liberdade à alma. Quantos espíritos errantes são gratos ao mistério de Iansã, pois ela foi o raio que rompeu as sombras? Ela é Orixá que atua sobre a escuridão, mas é leve como o sopro divino: vitaliza e expande a consciência, ensinando e socorrendo aos que estão sufocados e sem perspectiva. Iansã é a mãe do horizonte. Para ela, não há rua sem saída, nem túnel sem luz. Se não há luz, ela faz brotar em um raio.

Na Umbanda, Iansã se manifesta por intermédio de Caboclas e Caboclos que invocam as forças e os seres do vento. Quando chegam no terreiro, trazem elementais que auxiliam nos trabalhos de descarga, limpeza e desobsessão. Cortam magias negativas, desatam nós e conduzem espíritos em sofrimento ou em relações obsessivas. Catalisam energias estagnadas no ambiente e geram explosões magnéticas, que poderiam ser identificadas por médiuns videntes tal qual descargas elétricas em um temporal. Ao cortar com sua espada de luz, ou utilizando elementos vegetais, como a poderosa espada-de-santa-bárbara, essas entidades não dissipam apenas energias que estão no local, mas atravessam dimensões alcançando aquilo que está oculto ou distante. É o que chamamos no terreiro de "correr gira". "*Deixa a gira girar, saravá Iansã...*", diz o verso de uma cantiga. Não por acaso ela é cultuada como "a mãe dos nove espaços", pois irradia luz através de diferentes planos.

Na natureza, ela não possui um lugar fixo, visto que o vento percorre todos os reinos – está nas matas, nas pedreiras, no mar, nas estradas, sobre os rios e na Calunga. Surgem, assim, desdobramentos de sua força, em harmonia com outros Orixás. Uma delas é Oyá Igbalé (ou Iansã do Balé), senhora dos mortos, que reina no cemitério junto a Pai Omolu/Obaluaiê. Veste branco e dá direcionamento aos espíritos que acabaram de desencarnar até outros reinos da natureza, onde serão amparados; conta com o auxílio de entidades que atuam com o poder de condução, como Boiadeiros e alguns Exus e Pombagiras. Oyá Egunitá é também uma Iansã de culto Igbalé, ligada ao bambuzal e ao fogo; Onira é uma Iansã jovem e guerreira, doce e mansa como a brisa, vinculada a Oxum. São distintas manifestações do poder dos ventos.

Podemos compreender a atuação das Caboclas e Caboclos de Iansã a partir de suas vinculações com os reinos da natureza, entre as quais teríamos, por exemplo:

- *Iansã dos Raios*: senhora do Jacutá (pedra de raio). Trabalha com descargas, desagrega energias negativas e traz renovação;
- *Iansã dos Ventos*: conduz os espíritos a seus caminhos e destinos, de acordo com o princípio da afinidade e segundo a Lei Divina;
- *Iansã do Fogo*: trabalha com a magia purificadora do fogo, ligada à transmutação de energia;
- *Iansã da Calunga* (*Igbalé*): atua junto a Omolu, na Calunga Pequena, dissipando energias densas e sombrias e conduzindo espíritos em sofrimento;

- *Iansã das Matas*: em harmonia com Oxóssi, direciona prosperidade e expande a compreensão e a cura;
- *Iansã das Pedreiras*: no reino de Xangô, é força direcionadora da Justiça;
- *Iansã do Tempo*: é uma guerreira que movimenta o tempo e auxilia nas mudanças e na passagem dos ciclos.

A senhora dos ventos é também mãe do fogo, pois sem o seu sopro a brasa perde o vigor – é aquela que dança sobre as chamas. O mito diz que Oyá sopra a forja de Ogum para que ele produza os instrumentos de guerra de Oxaguian. Algumas figuras históricas femininas podem ser evocadas como símbolo da força de Iansã: Dandara dos Palmares, companheira de Zumbi na luta por liberdade; a Rainha Ginga (Nzinga Mbandi), do reino de Matamba, líder política e militar que se tornou símbolo da resistência contra o colonialismo português; e Teresa de Benguela, líder quilombola do Mato Grosso. São exemplos históricos que expressam a força da sagrada mãe guerreira.

Iansã é a singela borboleta que vivencia os quatro ciclos da transformação: ovo, lagarta, casulo e o inseto pronto para voar. Como senhora do Tempo, também se liga à passagem das quatro estações do ano. Quando furiosa, transforma-se em búfalo, tão indomável quanto os furacões e os vendavais. Também possui relação com a linha de Boiadeiros, guias que atuam na condução de espíritos errantes. Além de viver na espiral dos ventos, Iansã faz morada nos bambuzais, que se vergam, mas não se quebram na fúria da ventania. Ela pode ser saudada nesse ponto de força, que a tradição diz ser também uma das moradas dos espíritos. Conforme a sabedoria tupi, o espírito é um sopro divino – e Iansã é aquela que dá caminho e direção ao nosso vento interior.

Nomes de algumas Caboclas na irradiação de Iansã: Cabocla de Iansã do Raio, Sete Raios, Iansã do Fogo da Noite, da Pedreira, dos Ventos, da Calunga, das Matas, do Tempo, Sete Ventos, Raio de Luz, Raio da Manhã, Raio da Noite, Jurema, Jussara, Jupira, Bartira, Japotira, Rosa dos Ventos.

Nomes de alguns Caboclos na irradiação de Iansã: Ventania, Sete Ventos, Trovão, Sete Flechas, Sete Trovões, Laçador, Vira-mundo, Corisco, Tupi, Tupã.

Saudação: Eparrey Oyá! ("Salve, Oyá!").

Cores: laranja, rosa e vermelho (de acordo com a tradição).

Elementos: ar e fogo.

Obá

Existe a Orixá Obá na Umbanda? Essa pergunta nos leva a uma reflexão: Orixá não é exclusivo desta ou daquela religião, são forças ancestrais ligadas à natureza que vibram em todos os seres. Portanto, todos os Orixás estão na Umbanda, mesmo aqueles que não conhecemos ou não cultuamos, que podem vir com outros nomes ou ter seu culto integrado a outras vibrações. O culto a Obá pode não ser comum em grande parte das casas umbandistas, mas ela traz ensinamentos preciosos: Obá é a senhora da firmeza, fidelidade e verdade. Rege as águas turbulentas dos rios, as quedas-d'água e as pororocas. De temperamento forte e belicoso, é uma guerreira, assim como Iansã, além de caçadora, ligada às águas revoltas e ao fogo.

A tradição diz que Obá é rainha da sociedade Elekô, exclusiva para mulheres – rege o lado esquerdo do corpo humano, vinculado às emoções. Obá é, portanto, uma guerreira passional, intensa, que coloca sempre os próprios interesses em segundo plano, para ser fiel àqueles a quem auxilia. Circunspecta, de caráter forte e poucas palavras, ela é esposa fiel de Xangô, ligada ao amor vivido em sua intensidade, incluindo os dissabores e o sofrimento. Na Umbanda que praticamos, compreendemos Obá como um mistério oculto e sustentador de axé, intrínseco à manifestação de Iansã e Xangô: porém enquanto Oyá é a força dos ventos, Obá é a senhora das águas furiosas e do fogo purificador.

Saudação: Obá xiré! ("Rainha que se movimenta!").

Cores: marrom e vermelho.

Elementos: águas revoltas e fogo.

17
A família da palha: Obaluaiê, Nanã e Oxumarê – cura, ancestralidade e renovação

> "São flores, Nanã
> São flores
> São flores, Nanã Buruquê
> São flores, Nanã
> São flores
> Do seu filho Obaluaiê."

Numa casa de palha na beira da estrada, eles acolhem os doentes e oferecem alimento, água e roupas limpas. Trazem remédios preparados com ervas e rezas ancestrais, doam alento e carinho. A casa é simples, de chão batido, e os raios de sol entram pelas frestas do sapê. Ali moram mãe e filho, que juntos reinam sobre os mistérios da vida e da morte. Obaluaiê e Nanã são Orixás ligados à força da terra, ao ciclo das encarnações, aos poderes de cura e saúde. Obaluaiê é o senhor da terra e das passagens, aquele que governa o que está oculto no solo, o veneno e o antídoto, as doenças e a saúde. Nanã é a mais velha Orixá, sagrada mãe das águas primordiais e do barro, senhora do princípio e do fim, que mora nos pântanos, manguezais, nas várzeas, fontes e mananciais.

No polo oposto a esses dois Orixás que vibram na terra, está o outro filho de Nanã, Oxumarê, o senhor do arco-íris, símbolo de renovação, fertilidade e esperança. Conhecida como a "família da palha", cujo culto provém do antigo Daomé, de matriz ewe-fon (jeje-mahin), são Orixás que se complementam: enquanto Obaluaiê cura os corpos, Oxumarê renova a alma; Nanã acolhe no desenlace, Obaluaiê reestabelece a saúde dos doentes. Vida e morte andam juntas, separadas apenas pela Calunga. A morte é a passagem para o mundo espiritual, o portal para uma nova vida. Todos os seres dotados de vida contêm em si os princípios da morte e do envelhecimento, e este último começa a se manifestar logo no nascimento. Para envelhecer, basta estar vivo. Este é o ciclo eterno das Almas que encarnam na Terra, governado por Nanã e Obaluaiê.

Em razão do elo que possuem com a terra, a saúde e as passagens, Obaluaiê e Nanã são Orixás, na Umbanda, assentados no Sagrado Cruzeiro das Almas, além de responsáveis pela regência da linha de trabalho de Pretos Velhos e Pretas Velhas, juntamente com Pai Oxalá. Com o dom da cura e a energia da terra, emanam a luz que brilha sobre a Calunga, conduzindo aqueles que fizeram a passagem. É possível que se manifestem Caboclos e Caboclas sob a irradiação de Nanã e Obaluaiê, embora o mais comum sejam entidades vinculadas a outros Orixás atuarem junto a seus campos de força. É o caso de Caboclos Velhos, Pajés, Curandeiros e outros guias ligados à energia de cura de Obaluaiê; ou de Caboclas Velhas, Cacurucaias e Curandeiras vinculadas à essência de Nanã.

Eles também podem se manifestar, nos trabalhos de Umbanda, como essências naturais do Orixá, por meio de seres espirituais não encarnantes, habitantes dos reinos sagrados da natureza. São expressões vivas da força dos Orixás, para além da compreensão humana. Diferentemente de Caboclos e Pretos Velhos, são entidades que não "falam", apenas irradiam força e bênçãos. O mesmo ocorre com Oxumarê, patrono do arco-íris, senhor da transmutação e da prosperidade. Adiante, falaremos um pouco sobre o trabalho de cada um desses três sagrados Orixás na Umbanda.

Obaluaiê, o senhor da cura

Obaluaiê ou Omolu é o Orixá das doenças e da saúde, o velho curandeiro da aldeia. Domina tais mistérios porque vivenciou as dores em sua própria pele: seu corpo é coberto por palha para ocultar as chagas oriundas da varíola, que geravam repulsa e preconceito em quem se aproximava. Rejeitado pelo mundo, não houve saída para Obaluaiê a não ser se esconder. Por essa razão, é o Orixá daquilo que está oculto, dos segredos da Terra, das vibrações salutares e curativas que emanam do solo, que auxilia na superação das dores, do sofrimento e das agonias. Mesmo aqueles que lhe viraram as costas recebem o seu perdão. É um pai clemente, generoso e acolhedor. Em seu silêncio, abraça os filhos e é capaz de reerguer alguém que esteja caído.

Embora em algumas tradições sejam vistos como divindades diferentes, Obaluaiê e Omolu são duas faces do mesmo Orixá, expressões distintas da mesma força: Obaluaiê (*Obalúwáiyé*, "rei e senhor da Terra") é a energia jovem, que vibra sobre a saúde; Omolu (em iorubá, "o filho do senhor") é a manifestação anciã, a face oculta dos mistérios da Calunga, ligado ao cemitério e às passagens. Respeitamos aqueles que cultuam esses dois Orixás como forças distintas, mas entendemos que eles são dois aspectos da mesma essência, pois vida e morte estão interligadas. Na África, Omolu é o rei dos tapas, na região de Empé; entre os iorubás, é chamado de Obaluaiê, também conhecido como Xapanã e Sapata-Ainon ("dono da terra"). Senhor da terra e da transmutação, daquilo que precisa ser curado, rege ainda o fogo do interior da terra, que queima e desagrega as negatividades e que simboliza a febre que acomete os corpos durante as doenças – por isso é reverenciado como "pai da quentura".

Assim como a terra recebe os corpos após o desenlace, Omolu absorve aquilo que teve fim e dá novo rumo: ele é o adubo fértil, o solo que abraça a semente para gerar uma nova vida. Filho abandonado por Nanã e criado por Iemanjá, segundo seus mitos, Obaluaiê ensina o perdão e a aceitação. Atua nos hospitais e nos lares em que existem pessoas adoecidas. Cuida das doenças físicas e espirituais, com o poder de seu xaxará (bastão curador). Sua palha nos cobre contra os males; e sua pipoca (duburu) são flores que curam. A própria pipoca representa a vibração transformadora deste Orixá: a dureza do milho, submetida ao calor do fogo, estoura e converte-se em alimento nutritivo, simbolizando a alternância entre doença e saúde, a cura que vem de dentro. "*Omolu é um Tata na sua aldeia/E seu tesouro é um osso...*", afirma o verso de uma cantiga.

Nos terreiros de Umbanda, alguns Caboclos Velhos e Curandeiros respondem à vibração de Oxóssi no reino de Obaluaiê: são exímios manipuladores da terra, de rezas e rituais de cura, apresentando-se como Pajés e invocando a vibração de minerais, vegetais e animais. Assim é o trabalho de Seu Pantera-Negra – em nossa casa, um Caboclo da linha de Oxóssi com a irradiação de Obaluaiê. Na escuridão da noite, ele caminha com o passo de um felino, apoiado em seu cajado. Sentado no chão, em torno da fogueira, ele invoca espíritos da terra para curar, no balanço de sua cabaça. Sob a égide da energia da terra, também podem atuar Caboclos como Treme Terra, Arranca Toco, Pedra Preta, Pena Preta, Graúna, Baraúna, Tomba Morro e outros. Em algumas tradições, revelam-se ainda os chamados Caboclos Africanos e Quimbandeiros, em cruzamento com a Linha dos Pretos Velhos e dos Exus: são curandeiros que desmancham magias negativas, descarregam energias pesadas e conduzem espíritos em sofrimento, também reconhecidos como Caboclos que trabalham nas sombras, sob a força de Omolu.

Como senhor das passagens, Omolu reina sobre os mistérios. Não sabemos o que virá depois da morte, assim como desconhecemos o que se esconde sob sua palha. Há uma cantiga de Umbanda que indaga: "*Cadê a chave do baú? Está com o velho Omolu*". A Calunga representa o infinito e o desconhecido. Obaluaiê também nos ensina que a mesma força que mata é capaz de curar: o antídoto é feito com o próprio veneno da cobra. Dessa maneira, a doença não deve ser compreendida como um "mal", mas uma oportunidade de amadurecimento – só o calor é capaz de converter o milho em duburu. O ponto de força de Obaluaiê é o Cruzeiro das Almas, junto à Calunga Pequena (cemitério), mas ele também pode ser saudado ao tocar o solo, pois emana a essência curativa da poderosa mãe na qual habitamos, a Mãe Terra.

Ele é o silêncio da noite, o calor de um leito que repõe as energias, a palha que recobre os corpos, o frescor da terra. Na natureza, Obaluaiê reina junto aos seres espirituais que vivem no solo e emanam fluidos de cura e transformação. É o senhor das formas: pois forma, deforma, reforma, conforma e transforma, auxiliando aqueles que estão feridos e com os corpos físico e espiritual debilitados. Seus mistérios exigem respeito e reverência, por isso é saudado com "Atotô!", que quer dizer "Silêncio em respeito a ele!". Atotô, Pai!

Saudação: Atotô!
Cores: preto e branco.
Elemento: terra.

Nanã, a mãe ancestral do barro

Nanã é aquela que vem antes, a mãe que simboliza a ancestralidade ou a matéria da qual fomos criados. Senhora do princípio e do fim, fornece o barro para a geração dos corpos e também recebe de volta em seu reino a massa inerte e sem vida daqueles que acabaram de fazer a passagem. Fonte primordial da vida, é a mais velha das Yabás, regente das águas barrosas e lodosas, das lagoas, dos pântanos e das fontes. Como pode a mesma Orixá estar nas águas cristalinas e nos lamaçais? Para compreender esse mistério, basta observar a natureza: as fontes brotam em terrenos úmidos e regiões pantanosas nos quais terra e água se misturam, tornando-se um só. O barro é matéria moldável, utilizada desde tempos antigos para produzir cerâmica, além de emanar poderes curativos. Com o barro, Nanã constrói a sua casa.

Ela habita no fundo dos rios e das lagoas, manguezais, lodaçais e abismos profundos do mar. É também senhora da chuva mansa e do sereno. Em algumas regiões da África, o nome de Nanã (*Nàná*) é uma deferência para tratar pessoas idosas e respeitáveis. Seu culto se originou junto ao povo Ewe-Fon, no Daomé, entre os quais Buruku designava a própria figura de Deus ou do Mistério. Nanã Buruquê é, portanto, uma divindade muito antiga, primordial, a mãe ancestral por excelência, ligada à morte, à vida e aos recomeços. Nanã é anterior ao ferro, cuja utilização foi descoberta posteriormente pelos seres humanos, por isso ela não o utiliza em seus trabalhos. Os mitos também falam de uma contraposição a Ogum, que pode ser compreendida pelo fato de que Ogum é o senhor da ação e do ímpeto, enquanto Nanã é aquela que paralisa, acalma e decanta.

Sem o poder de Nanã, seríamos criaturas desassossegadas e afoitas, órfãs de uma compreensão sobre o tempo e os ciclos da existência. Ela nos ensina que tudo tem um momento certo para acontecer. O fruto não pode ser colhido antes da hora. Grande avó, é também protetora dos recém-nascidos, estudantes e idosos e ajuda a espantar a morte prematura. O mito diz que Nanã abandonou Obaluaiê, seu filho doente – contudo, o Caboclo Sete Flechas nos revela uma interpretação para essa narrativa, afirmando que este ato foi uma defesa para evitar a morte do filho, visto que Nanã tem profunda ligação com as passagens. Ao afastá-lo de si, a mãe o manteve vivo, sob os cuidados de Iemanjá. Com a clemência de Obaluaiê, mãe e filho se reencontram e se abraçam, redesenhando sua história e perdoando mágoas do passado. No tempo certo das coisas, as almas se harmonizam.

Na Umbanda, tal qual Obaluaiê, Nanã é assentada no Sagrado Cruzeiro das Almas e vibra junto às Pretas Velhas, que são a manifestação de sabedoria, amor, paciência e benevolência desta Orixá mãe e avó. Nanã representa o mistério ancestral feminino, na figura das Pretas Velhas. Ela também incorpora e traz sua essência natural por meio de seres espirituais que habitam o reino sagrado da terra, das lagoas e dos pântanos – sítios nos quais é saudada. Ali também vivem ondinas e sereias velhas, mães da terra e do barro. Nanã se revela ainda por meio de algumas Caboclas e até Caboclos, que podem se apresentar junto à regência de outros Orixás. Em nosso terreiro, a Cabocla Pena Roxa do Sereno é uma enviada de Oxóssi dentro dos mistérios de Nanã, uma anciã bondosa e sábia – tal como uma *xejaryi** entre os Guarani, guardiã da sabedoria – que transmite conselhos e histórias e carrega seu sambu-

---

* Xejaryi e xeramõi são os nomes que se dão, respectivamente, à anciã e ao ancião na tradição guarani mbya (ou avó e avô), guardiões da sabedoria oral.

rá ou gamela para alimentar a aldeia. Essa mesma força pode se revelar em guias como Caboclo Roxo, Cabocla Açucena, Cabocla Serena ou Treme Terra, entre outros.

A mãe do barro que molda a vida e ampara na morte é simbolizada pelo ibiri (feixe de folhas de palmeira, enfeitado com búzios e palhas da costa). Ela é a senhora dos búzios e do mistério. Sua força alcança a vida e a morte, tanto que ela é mãe de Obaluaiê, o senhor da terra e da cura, de Oxumarê, aquele que traz renovação com o brilho do arco-íris, e de Ewá, senhora das brumas, do mistério e das possibilidades. Entre seus títulos, Nanã é chamada de Ibain ("dona da terra"), mas também pode se tornar uma guerreira agressiva (*Ajaosi*), bastante exigente, de temperamento difícil, respeitada e temida – para Nanã, as coisas são ou não são, e ela requer cada elemento em seu devido lugar. Esse é o ensinamento da Grande Avó.

Mãe Nanã não é a morte (*Ikú*), embora esteja ligada a ela, uma vez que é a senhora do princípio e do fim. No plano espiritual, é uma força apaziguadora, que atua como refúgio de espíritos em sofrimento e que procuram a luz. Nanã ensina com paciência, consola com amor, acolhe sem pressa. É a Orixá que auxilia em nossos carmas, vibrando sobre o mistério da encarnação. Com a força da lama, decanta, atrai e paralisa energias negativas e densas; ao mesmo tempo, com a pureza das águas cristalinas, restaura as forças, entregando os seres nas mãos de Oxum que fertiliza uma nova vida. Não importa por quais caminhos seguimos em nossa existência, a mãe do poço sempre será nosso refúgio e a ela reverenciamos:

"Casinha branca
Telhado de sapê
Onde mina água
É de Nanã Buruquê."

Saudação: Saluba, Nanã Buruquê! ("Venha em nosso auxílio!").
Cores: violeta ou roxo.
Elementos: água e terra (barro).

Oxumarê, o senhor do arco-íris

Existe um ponto de Caboclo que diz: *"Seu Caçador da beira do caminho/Não mate essa Coral na estrada/Se ela abandonou sua choupana, Caçador/Foi no romper da alvorada"*. Orixá da renovação da vida, Oxumarê é o arco-íris que serpenteia pelos céus e, quando desce à terra, transforma-se em cobra. Filho de Nanã e irmão de Obaluaiê, ele é o regente da riqueza, dos ciclos da vida, da fertilidade e da transformação. O arco-íris nasce no limiar entre a chuva e o sol, quando a luz se fragmenta em sete cores – representa a unidade na diversidade, o respeito à diferença, os plurais que se tornam Um. De origem ewe-fon, o vodun Dã (a serpente) é o patrono da nação jeje-mahin e ainda é uma divindade desconhecida para muitos umbandistas.

Oxumarê é o senhor de todos os ciclos – a passagem do sol para a chuva e da chuva para o sol. Ele é a cobra que morde o próprio rabo e simboliza o eterno retorno, princípio que impera em todos os seres: tudo muda, nada permanece. O que está estagnado ou inerte precisa ser tocado pelo poder de Oxumarê, que concede renovação e propicia o recomeço – tal como a serpente que troca de pele. Enquanto Obaluaiê cura, Oxumarê renova. A mesma força que une as setes cores na luz branca é aquela que manipula os elementos água, ar e terra: ele é um Orixá que representa a união, pois somente o movimento é capaz de nos unir, como algo comum a todos os seres. Embora seja uma divindade masculina, contém em si o princípio feminino, que representa a fertilidade e o renascimento, em harmonia com Oxum.

Na Umbanda, Oxumarê é um princípio irradiador das energias de mudança e transformação, auxiliando nos rituais que emanam liberdade e prosperidade e nos trabalhos de cura, junto com os Mestres do Oriente e o Povo Cigano. Também pode irradiar sua vibração sobre Caboclos e Caboclas vinculados ao mistério do arco-íris e das cobras, como Caboclo Jiboia, Sucuri e Cobra-Coral – embora estes guias estejam ligados também a outros Orixás, principalmente Oxóssi. Mesmo que não se manifeste por meio do transe mediúnico de incorporação, sua energia está sempre presente nos trabalhos espirituais, pois onde há luz, ela se fragmenta em múltiplas cores e permite a contemplação das belezas e da diversidade do mundo.

A riqueza que Oxumarê concede é a percepção da transitoriedade da vida e a necessidade de aproveitar o hoje, pois o arco-íris é tão passageiro que, se fecharmos os olhos, perdemos a chance de nos extasiar com o seu encanto. Olhar e sentir a graça do mundo é o que nos leva à verdadeira felicidade. Oxumarê é transformação e permanência: como a própria cobra que troca a pele, mas continua a ser cobra, ou a chuva que cai sobre a terra e fertiliza o solo.

Saudação: Arroboboi! ("Saudamos o grandioso rei da Terra").

Cores: sete cores (violeta, anil, azul, verde, amarelo, laranja e vermelho).

Elementos: água, ar e terra.

18
Oxalá, Divino Pai e Senhor da Paz

> "No caminho das oliveiras
> Eu vi uma pombinha a voar
> Voou, voou
> Tornou a voar
> Uma pombinha, Divina Oxalá."

Falar de Oxalá exige calma e silêncio: ele é o senhor da suprema paz, que caminha pelas estradas com o passo lento e cadenciado, amparado em seu cajado. Quando cansa, senta-se na beira do caminho, debaixo da sombra de uma árvore, e bebe um pouco de água, enquanto observa os peregrinos. Acena de leve com a mão, com um olhar bondoso e um sorriso, mesmo para aqueles que, apressados, não retribuem o gesto. Quando recupera o fôlego, ergue-se devagar com o cajado e retoma a caminhada sem fim. Oxalá não tem pressa em chegar: é dono de todo o tempo, vive onde tudo principia e onde tudo termina, nasceu do primeiro suspiro de Olorum, segundo os mitos da criação, por isso é o senhor dos ares. Com humildade e amor incondicional, zela por toda a humanidade.

Oxalá veste a cor branca, a soma de todas as cores, como sinal de universalidade. Nenhuma diferença importa, todo ser é filho de Oxalá. Ele é o pai universal, o rei do alá ou pano branco (*Obàtálá*), o senhor da pureza e da criação. Na cosmovisão iorubá, o Deus Supremo e Criador é Olodumare ("o Onipotente"), também chamado de Olorum ("o Senhor dos Céus"). No princípio, o Grande Espírito, perfeito e infinito, pairava sobre os ares e deu origem à água – da relação entre água e ar, nasceu Oxalá (*Òṣàlá*), como narra um dos mais importantes mitos da criação citado por Márcio de Jagun (2015). Um montículo de terra avermelhada se solidificou da matéria etérea então criada, dando origem a Exu Yangí, a primeira forma viva e individualizada do Universo. Do encontro da terra e do ar, nasceu Odudua, irmão de Oxalá.

O mito iorubá diz que Olorum incumbiu Oxalá de criar o mundo e seus seres, levando consigo o saco da criação. No entanto, teimoso, Oxalá deixou de seguir os preceitos ritualísticos recomendados por Orunmilá (*Òrúnmilá*), senhor do destino, e acabou sendo enganado ao longo do caminho por Exu, o grande cobrador e executor dos mistérios divinos, perdendo o saco mágico, que foi entregue a Odudua. Em novo ciclo, Olorum deu a Odudua uma cabaça contendo terra e, dessa vez, cumprindo as obrigações rituais, houve sucesso na criação da Terra – Odudua levou consigo uma galinha de cinco dedos para espalhar a terra, um pombo para semeá-la e um camaleão para testar sua firmeza. Recuperado da peça pregada por Exu, Oxalá pediu nova chance a Olorum, e então foi incumbido de criar os seres humanos, tornando-se Grande Pai e regente da humanidade.

Na tradição guarani, no princípio tudo era mar e escuridão, quando o primeiro vento deu origem ao primeiro som, Nhanderu Tenondé ("Nosso Pai Primeiro"), aquele que não tem pai nem mãe, que pairava sobre o mar segurando apenas o seu cajado. Ele pensou: "Vou fazer a Terra", então gerou a primeira palmeira sagrada, cujas raízes se espraiaram até as profundezas do mar e formaram o solo. Os Guarani também contam que o Criador gerou o tatu para espalhar a terra, o que guarda profunda semelhança com o mito iorubá (Guarani, 2015).

Olorum, Zâmbi, Nhanderu são distintas expressões que podemos utilizar para nos referir a Deus. Oxalá, o maior dos Orixás, entre todas as manifestações do Criador na natureza, é considerado a luz divina que brilha sobre a Terra. Por isso, é comum dizer "Que Oxalá te abençoe" como quem diz "Que Deus esteja contigo", pois Oxalá é quem emana a Força Suprema sobre a humanidade. Ele é a luz que rege os trabalhos da Umbanda, estando acima dos demais Orixás que atuam nos planos espiritual e material – por isso é saudado como o Grande Pai.

Oxalá é a eterna lembrança de que Deus vive em nós: a reconciliação com a centelha divina, o sopro celeste (*èmí*) que habita em cada ser e anima o corpo (*ara*). Na Umbanda, a figura de Jesus Cristo é associada a ele – incontáveis terreiros possuem a imagem do Cristo de braços abertos no alto do congá. Jesus é símbolo do amor universal e nome de um guia planetário, espírito de maior luz que encarnou na Terra. Em sentido estrito, sabemos que Oxalá é Orixá, cujo culto surgiu entre os iorubás, enquanto Jesus foi um ser humano – contudo, em nossa concepção, é como se ele emanasse a força de Oxalá, tal como um representante deste Orixá. Em relação ao sincretismo, adotamos uma posição dialógica e não condenatória sobre a sua utilização: historicamente, foi uma estratégia de sobrevivência encontrada pelos negros escravizados para associar suas divindades aos santos católicos e dar continuidade à sua fé; porém, essas associações permaneceram no imaginário popular e constituem atualmente uma forma plural de se relacionar com o sagrado. Assim, compreendemos quem decide não o adotar, mas também devemos respeitar quem se utiliza dele, e isso não diminui a beleza e a autenticidade da fé.

Oxalá é o caminho de aproximação com o divino. Essa jornada é tão simples quanto complexa, pois embora esteja acessível a todas as criaturas da Terra, exige paciência, cuidado e despertar da consciência. Não basta dizer "Eu creio", é preciso crer de verdade. Fé não é obsessão cega, não é fanatismo ou instinto irracional. Fé é essência viva e despertada no ser. Não tem explicação ou cobrança. Simplesmente é. Deus é, e quando assim dizemos estamos nos referindo àquilo que na Umbanda chamamos de "mistério". Mistério não se explica: é força incompreensível, mas que pode ser contemplada pelo sentir. Cada ser percorre sua própria caminhada de autodescoberta e conexão com o Grande Espírito.

Luz maior do mundo, regente da paz e da fé, todos somos iguais diante de Oxalá, sem qualquer tipo de distinção – essa é a Lei Maior que deve imperar nos trabalhos de Umbanda. Por isso vestimos branco e trabalhamos com os pés descalços, em sinal de humildade e comprometimento. Os animais que simbolizam Oxalá são o pombo branco e o caramujo (*igbín*) – um é o sentido da paz, o outro é a calma e a paciência no caminhar. Por isso, há uma cantiga que diz:

> *"Pombinho branco,*
> *Mensageiro de Oxalá*
> *Leva essa mensagem de todo o coração até Jesus*
> *Diga que somos soldados de Aruanda*
> *Trabalhamos na Umbanda*
> *Semeando a vossa luz."*

O grande Orixá do pano branco possui duas manifestações distintas saudadas na Umbanda. A primeira delas é Oxalufan, que representa o espírito ancião e da criação: é o Oxalá velho, paciente, calmo, generoso e acolhedor. A segunda é Oxaguian, a forma jovem e guerreira, aclamado rei de Elejigbô, que carrega o pilão: é o guerreiro da paz, que ensina que mesmo a busca por um horizonte pacífico e harmonioso exige ação, pois a paz é construída por atitudes humanas. Seus símbolos são, respectivamente, o opaxorô (o cajado sagrado) e o pilão, utilizado para preparar o inhame que alimenta a comunidade.

E como Oxalá se manifesta na Umbanda? Ele é a luz maior e está presente em todos os trabalhos espirituais, chamado de "Grande Mestre" ou "Pai Maior". Ao mesmo tempo, emana a vibração de um ancião respeitável e honrado que se vincula à linha dos Pretos Velhos, sobre o qual possui regência, junto com Nanã e Obaluaiê. A cruz divina que vibra no Sagrado Cruzeiro das Almas representa uma encruzilhada de forças formada a partir dos quatro elementos da criação: terra, fogo, água e ar. Os Pretos Velhos irradiam a bondade paciente e conselheira do Divino Mestre, o andar miudinho e vagaroso, a sabedoria de quem já viveu mais e carrega a bagagem da experiência. *"Caminhou, caminhou, Preto Velho caminhou... Lá na Aruanda Maior, Preto Velho caminhou"*.

Oxalá também tem ligação profunda com os trabalhos de cura realizados por Mestres do Oriente e Caboclos, pois a luz divina se fragmenta em sete cores, que constituem as sete irradiações primordiais. Alguns Caboclos servem ao mistério dos Orixás junto aos campos de força de Oxalá, como Seu Pena Branca, Lírio Branco, Lua Branca, Pedra Branca, Urubatão da Guia e Águia Branca, entre outros. São capangueiros das matas ou de outros pontos sagrados de força que trabalham com o propósito de promover a paz, a fé e a harmonia. Mesmo que se manifestem como Caboclos de Oxóssi, por exemplo, possuem cruzamento vibratório com Oxalá. Seu Pena Branca é um dos nomes mais presentes nos terreiros de Umbanda, um Caboclo geralmente ligado à vibração de cura e ao aconselhamento fraterno, com suas palavras de sabedoria. Seu abraço transmite paz infinita! Mas devemos sempre lembrar que cada guia tem sua história particular, pois é um ser ancestral que possui uma trajetória que formou a sua personalidade.

Em nossa casa, conhecemos um Caboclo de Oxóssi que se vincula ao Orixá da paz. Ele é um mensageiro de Oxalá nas sombras: Seu Pena Preta do Amanhecer, caçador de duas lanças e curandeiro que evoca a força da águia e do urubu-rei. Essas são duas aves que vivem nas alturas e, das regiões elevadas em que se encontram, observam o mundo: a primeira procura a luz, a segunda caça aquilo que se decompõe. Geralmente na Umbanda, o nome espiritual Pena Preta aparece relacionado a Obaluaiê, porém este guia afirma que sua ligação com Oxalá se manifesta na força absorvedora das penas pretas, sob o brilho intenso do amanhecer: luz e sombras caminham juntas. É um Caboclo curador, quimbandeiro, ligado a Seu Cobra-Coral: trabalha com fogo e fumaça, ora na forma de um jovem guerreiro, ora como um velho pajé. Esse causo de terreiro revela que a espiritualidade é tão rica que não se reduz a esquemas preestabelecidos.

Oxalá pode ser saudado em todos os recantos da natureza, pois sua força se manifesta em todos os seres vivos, mas os pontos de força que mais se relacionam à essência deste Orixá são os campos abertos e o alto das montanhas de onde se contempla o infinito – locais em que estamos, simbolicamente, "mais perto do céu". Seu elemento primordial é o ar, que se faz presente em toda a superfície da Terra, assim como a atmosfera recobre todo o planeta. Como é o senhor da simplicidade, não precisamos de muito para nos conectar com sua energia: basta o coração aberto para ser inundado pela pureza e pela paz. Oxalá não julga, não vira as costas, não se ressente, não despreza, não desacredita de seus filhos e filhas. Na mansidão do seu caminhar, ele segue ao nosso lado com constância e amor e, quando precisamos, oferece o seu cajado poderoso para que possamos nos sustentar.

Saudação: Epa babá! ("Saudamos o Pai!").
Cor: branco.
Elemento: ar.

19
Caboclos de couro e laço: os Boiadeiros e o poder da condução

"Seu Boiadeiro por aqui choveu
Choveu, choveu
Água jorrou
Foi tanta água
Que meu boi nadou."

– Ê boi!

O brado que conduz o gado corta o terreiro na levada do barravento. Quem vem lá? É Seu Boiadeiro, célere como um corisco, montando em seu cavalo, derrubando o boi com a força do braço. Ele saúda os presentes com um "Boa-noite!" e "Que Deus seja louvado!" – cumprimentos que revelam um sentimento profundo de devoção. A lida o fez assim, pois ao atravessar a noite, no silêncio e na solidão, ele aprendeu o valor da fé. Seu coração é simples como uma moda de viola; suas histórias são capazes de arrancar lágrimas. Ele é alegre para quem precisa de alegria, sério quando se exige trabalho. Temido e amado, falante ou circunspecto, não há quem não queira montar em sua garupa e andar em sua companhia.

Os Boiadeiros e as Boiadeiras na Umbanda são espíritos ancestrais que emanam a energia das matas no encontro com as estradas: seu trabalho rememora a trajetória de homens e mulheres do interior do Brasil que vivem pelo mundo na lida com o gado, em sintonia com a terra e os mistérios da natureza. Sua morada é o campo aberto; seu teto, o céu estrelado, acostumados a dormir no lombo de um animal. Habitam os sertões, as campinas, o Cerrado, o Pantanal, os Pampas e as Gerais – recantos esquecidos e menosprezados do Brasil, tidos como lugares atrasados e "onde não há cultura". Ao chegarem nos terreiros, evocam elementos do imaginário popular relacionados ao mundo dos vaqueiros, sertanejos, geraizeiros, tropeiros, cangaceiros, mineiros e outros povos tradicionais – uma memória que permanece viva, como símbolo de resistência e força.

Os Boiadeiros são mestres do laço e, ao dançar no terreiro, acompanham o giro do mundo. São exímios manipuladores da energia da luz nas sombras e realizam descargas pesadas, pois não têm medo de "colocar a mão em cumbuca". Lidam com demandas e situações difíceis, como desmanche de magias negativas e limpezas densas. O trabalho desses guias se revela no brado inconfundível com o qual chegam em terra, chamando "o boi": são responsáveis por conduzir a boiada perdida, direcionando espíritos em sofrimento ou desviados da Lei Divina para os reinos sagrados da natureza, onde são recebidos por Caboclos e outros guias que servem aos mistérios dos Orixás. A força de Boiadeiro é o poder do direcionamento e da condução. Sua poesia é o silêncio das estradas e o canto genuíno de aboiar o gado.

Boiadeiros são Caboclos? A resposta a esta pergunta varia de acordo com a tradição. Muitos terreiros os reconhecem como um tipo específico de Caboclo, descendentes de indígenas, negros e brancos – habitantes das zonas rurais e dos interiores do Brasil. Por vezes, são chamados de "Caboclos de couro", em contraposição aos "Caboclos de pena", que vivem nas matas. O culto aos Boiadeiros surgiu nos Candomblés de nação angola e em tradições afro-ameríndias, como uma espécie de louvação aos espíritos ancestrais da terra brasileira, representantes do povo simples dos sertões, e chegou até a Umbanda – não por acaso, as cantigas ressaltam a identidade do Boiadeiro como Caboclo Brasileiro ou Gentileiro. Há um ponto de grande fundamento que diz:

*"Atravessei o mar a nado
Em cima de dois barris
Eu vinha ver a Juremeira
E os Caboclos do Brasil."*

A devoção a Boiadeiro nasce, assim, da incorporação da ancestralidade da terra pelos africanos escravizados trazidos ao Brasil, sobretudo os bantos, em diálogo com os saberes originários. O Boiadeiro, porém, não é um indígena, assim como não é um africano nem um europeu. Ele nasce de um rio de encontros, uma "zona de fronteira" entre povos e culturas. É a voz do interior dos muitos Brasis. No mundo espiritual, é exatamente nas zonas de fronteira entre os reinos sagrados dos Orixás, pelos caminhos da vida, que esses guias trabalham. *"Mas ele vem pelo rio de contas, vem caminhando por aquela rua/Olha que beleza, Seu Boiadeiro no clarão da lua"*, diz a cantiga.

Portanto, podemos, sim, compreender os Boiadeiros como Caboclos – que não vivem no reino específico do Orixá, mas, sim, nas fronteiras, nas idas e vindas, pelas estradas. No mundo espiritual, trabalham para conduzir aqueles que procuram o caminho até a força das matas, dos rios, das pedreiras, do mar, da terra e da Calunga. Seu axé também está ligado à essência de alguns Orixás. Por ser a senhora dos eguns, que direciona os espíritos perdidos e em aflição, Iansã é a grande mãe que rege o trabalho dessa linha – ela é o vento que conduz a boiada, e o búfalo é um de seus símbolos. Com Iansã, os Boiadeiros aprenderam a ver em que direção o vento sopra, além de domar o touro feroz segurando os chifres com as mãos. Em algumas tradições, eles são saudados junto à fogueira de São João, na noite de 23 para 24 de junho, também reverenciada como fogueira de Xangô – são, portanto, guias que emanam a força do fogo sagrado e do vento.

Os Boiadeiros ligam-se ainda a Oxóssi e à energia das matas, a quem respondem como todos os Caboclos, e a Ogum, Orixá das estradas e dos caminhos, sentinela nos campos de batalha. Em seus nomes espirituais, podem evocar a região ou o ponto sagrado da natureza ao qual estão vinculados: alguns são Boiadeiros de Minas, outros

Pantaneiros, Sertanejos ou dos Pampas; há ainda aqueles que se apresentam como Boiadeiro da Jurema, do Rio ou das Matas. Possuem uma profunda ligação com a terra, em equilíbrio com a força de Omolu. Assim como o senhor da cura, atuam nas passagens, pois é na Calunga que a boiada é buscada. Por viverem ao relento, sujeitos à chuva e ao sol, também emanam a energia do Tempo, divindade que guarda os fluxos da natureza, a quem aprenderam a ouvir e a compreender.

Assim, ao unir a essência de diferentes Orixás, são conhecedores das aflições e angústias humanas, sempre carregando consigo uma história capaz de ensinar pelo exemplo. A energia que evocam nos transmite ao menos quatro ensinamentos. Em primeiro lugar, a seriedade, pois o trabalho que fazem "não é brincadeira": são guias rígidos, sinceros em suas palavras, de cenho fechado. Não se curvam, não se dobram, nem se desviam por distrações, como na cantiga que diz: "*A menina do sobrado mandou me chamar pra seu criado/Eu mandei dizer a ela que estou vaquejando o meu gado*". Isso não significa que não sejam amorosos; ao contrário, o abraço de Boiadeiro é um colo forte que transmite confiança. Em segundo lugar, ensinam a enfrentar com tenacidade as batalhas da vida: são combativos, como Iansã e Ogum, companheiros fiéis de caminhada. "*Na aldeia de Boiadeiro, não se pisa em espinho*", diz um de seus versos. Em terceiro lugar, demonstram devoção e fé, irradiando grande religiosidade. Por fim, revelam simplicidade em seus gestos: são diretos, espontâneos e profundamente felizes.

Boiadeiros e Boiadeiras são as "pedrinhas miudinhas" dos terreiros, como diz uma das curimbas mais populares entoada para essa linha. Somente com seus olhos simples podemos enxergar as belezas da vida. Sem medo dos perigos, o Boiadeiro segue pelas estradas em busca de um único boi perdido. Para ele, não importa que seja apenas um. Ele não o deixa para atrás: vai em busca da rês desgarrada, arriscando-se entre as moitas de espinhos, beirando os penhascos, atravessando o breu da noite, até encontrá-la.

Sete Laços em busca de Sete Boiadas, Corisco na quebrada do vento, Chapéu de Couro que vem de muito longe, Seu Légua no passo da dança, Mineiro da Estação da Leopoldina, Vaqueiro que chama o gado com o berrante, morador do Lajedo e dos sertões, Velho da Porteira,

Menina com girassol e laço de fita no cabelo, Vaqueira que derruba o boi pelos chifres, Carreiro no breu da noite, filho das Gerais e da Jurema. Sete caminhos cruzados, nas veredas e nos campos infinitos. Chetruá marrombaxeto! Chetruá Seu Boiadeiro!

Alguns nomes de Boiadeiros e Boiadeiras: Sete Boiadas, Navizala, João do Laço, Sete Laços, Laçador, Ventania, Laço de Ouro, Vaqueiro, Miguel, Chico Mineiro, Boiadeiro da Jurema, Corisco, do Sertão, João da Boiada, Boiadeiro do Lajedo, Chico da Porteira, João das Campinas, João Pantaneiro, Boiadeiro do Rio, das Veredas, do Cerrado, das Estradas, das Matas, da Pedreira, do Tempo, dos Pampas, do Sul, Carreiro, do Juremá, Sete Léguas, Sete Trovas, Trovador, Chico Violeiro, Chico Estrela, Seu Légua, Pedro Laçador, Antonio Vaqueiro, Zé do Berrante, João do Couro, Boiadeiro Amansador, Chapéu de Couro, Boiadeiro do Ingá. Maria do Laço, Maria Vaqueira, Maria Bonita, Boiadeira das Matas, Boiadeira da Jurema, Maria Sete Laços, Ana do Laço, Zeferina, Jussara, Boiadeira do Cerrado, Laço Vermelho, Boiadeira Menina, Moça Bonita.

20
Tempo, Anciões e Criangas: ciclos da vida

> "Na minha terra, gira o sol
> Também gira a lua
> Oh! Que tempo é esse, meu Deus?"

O Tempo é um sábio que revela seus segredos somente na hora certa. E que Tempo é este? Não há como segurá-lo: ele flui independentemente da vontade humana, senhor de todos os caminhos e destinos, pois não há quem se esquive do peso de dias, semanas, meses e anos. Na sociedade em que vivemos, é dito que tempo (aqui grafado em minúscula) é dinheiro: convertido em mercadoria e em medida para remunerar o trabalho. Quanto vale o Tempo, se a vida não tem preço? Da mesma maneira, o acúmulo dos anos passa a ser uma carga negativa: envelhecer é o mesmo que se tornar "imprestável", como se perdêssemos o sentido de existir.

Contudo, no olhar das comunidades tradicionais, como povos de terreiro, quilombolas e indígenas, os mais velhos carregam a memória ancestral: são guardiões dos saberes de um grupo e contadores de histórias, portanto, dignos de respeito, honra e cuidados comunitários. Senhor do fluxo que rege a existência de todos os seres, Kitembu ou simplesmente Tempo é uma divindade (*nkisi*) de origem banto, louvado como o patrono dos Candomblés de nação Angola: seu símbolo é a bandeira branca tão característica desses terreiros, que rememora os tempos em que os bantos eram nômades e se guiavam pela direção do vento ao tremular a bandeira. O Tempo trazia a mensagem da mudança.

E na Umbanda, podemos saudar o Tempo? Não apenas podemos, como devemos reverenciar esta força que vive dentro de todos os seres, já que estamos imersos em seu fluxo inescapável. O Tempo está em nós e para além de nós. O Tempo é agora – e ao se tornar presente, já deixou de ser. Por isso apresenta-se como força sutil, impossível de enquadrar, simples e complexa ao mesmo tempo. Ele é uma criança que acaba de nascer e um Preto Velho sentado na beira do caminho. Quem nega a sua história não compreende o seu presente e sufoca o seu futuro. Como um sábio mestre, o Tempo nos diz que cada instante é único, pois não é possível revivê-lo. Quando as entidades incorporam na Umbanda, um dos primeiros gestos é saudar o Tempo, assim como reverenciam a Mãe Terra, porque os espíritos ancestrais de luz reconhecem o domínio da força temporal sobre o mundo. É como se dissessem: "Licença ao Tempo da Terra para trabalhar, já que o Tempo da espiritualidade é outro".

O Tempo está presente nas folhas que caem e nas flores que desabrocham, representado pelas quatro estações do ano, pela alternância entre o dia e a noite e pela oscilação entre o sol e a chuva. Também se manifesta em cada um dos seres vivos da natureza, que experimentam os ciclos de nascer, crescer, envelhecer e morrer. Mensageiros da raiz ancestral indígena, os Caboclos trabalham constantemente com os ciclos do Tempo, ao invocar o movimento dos astros e a passagem entre as estações. Quem vivencia a experiência de terreiro sabe que eles medem o Tempo pela dinâmica dos céus e costumam se referir à passagem dos dias pela contagem das luas (lua grande e lua pequena). Também emanam energias que nos ajudam a viver em equilíbrio com o nosso Tempo e a respeitar os ciclos interiores em harmonia com os movimentos que estão além de nós. Os povos originários aprenderam a olhar as nuvens, escutar os Seres Trovão e observar o movimento do vento para decifrar os sinais do Tempo: se haveria chuva ou sol, se poderiam sair para caçar ou era o momento de esperar. Saber aguardar com paciência é compreender que tudo tem um tempo certo para acontecer, como revelam os fundamentos desta cantiga:

"Vocês estão vendo aquele meu Caboclo
Que está em cima daquele lajedo
Olhando o Tempo para não chover
Pedindo à Lua para sair mais cedo
Okê, Caboclo, Okê, Caboclo Flecheiro."

Viver em harmonia com o Tempo é despertar um caminho de cura que respeite as memórias gravadas em nossos corpos. É navegar pelos sonhos que nos levam às possibilidades de um futuro em equilíbrio com a Mãe Terra e com todos os irmãos planetários. Essa é a pedagogia do Tempo. Que ele possa mudar e nos fazer mudar juntos! Zara, Tempo!

Tempo novo e tempo antigo: a Ibejada e os Anciões

Há um ensinamento que diz que toda a aldeia é responsável por educar uma criança. Em sentido inverso, porém: o que as crianças podem ensinar à aldeia? Ao lado de Caboclos e Pretos Velhos, as Crianças Espirituais – que recebem o nome de Ibejada – formam uma das linhas de trabalho sustentadoras da Umbanda. Podemos pensar: por que precisamos trabalhar com elas? Que sentido há na brincadeira de uma criança? Engana-se quem acredita que os espíritos de luz deveriam ser sérios, taciturnos ou mesmo tristonhos para que suas mensagens tivessem um fundo moral. O encanto da vida, perdido diante das amarras da civilização, é rememorado em nossa alma quando nos deparamos com a Ibejada: elas nos conduzem ao encontro de nossa própria criança interior e despertam o "doce da vida" – o sorriso, as lágrimas, a inocência e a espontaneidade. Não há energia de cura mais poderosa do que mergulhar na criança que fomos e ainda vive em nós, por mais que as trajetórias de vida teimem em nos entristecer.

Com regência do Orixá Ibeji (*Ibéji*), que na tradição iorubá é representado pela figura de gêmeos, o que chamamos de Ibejada na Umbanda são espíritos iluminados que trazem a essência divina da alegria, uma das faces misteriosas de Deus. Eles também possuem ligação com os pontos sagrados da natureza (cachoeira, mata, praia, rio, pedreira, lagoa) e emanam a essência curativa dos elementos. Ensinam que a vida é um presente (uma dádiva do agora) – e a alegria deve ser coroada com gratidão.

O ciclo da vida nos coloca diante de dois polos da existência: de um lado, a infância, o nascer do sol, o encantamento das primeiras descobertas, dos sustos, medos e sonhos; de outro, a velhice, tempo do entardecer daqueles que guardam a memória comunitária e são como sentinelas dos saberes a serem transmitidos aos mais jovens. Na cosmovisão da aldeia, crianças e anciões devem ser cuidados e protegidos, pois ambos guardam as sementes do Tempo e ensinam sobre começo, fim e recomeço. Na visão dos Guarani Mbya, o tempo é cíclico, e não linear. A vida comunitária é dividida em duas estações: *Ara Ymã* (o Tempo Velho, do outono e do inverno) e *Ara Pyau* (o Tempo Novo, da primavera e do verão, quando os alimentos são colhidos e consagrados). A alternância entre esses ciclos representa a dinâmica da natureza, mas também reflete a própria transformação humana – de seres perecíveis a seres imperecíveis, tal como os ancestrais que depois de longa travessia alcançaram a Terra Sem Males (*Yvy marã e'ÿ*) e passaram a viver em comunhão com Nhanderu, por isso chamados de *Nhanderu Mirim* (que corresponde na cultura guarani à figura dos antepassados ilustres ou iluminados). No fluxo contínuo entre amanhecer e entardecer, florescer e murchar, viver e morrer, a natureza nos leva a descobrir o divino que existe dentro de nós.

TERCEIRA PARTE

"Canto e danço pra curar": rituais e ensinamentos de Caboclos

21
Xamanismo e o despertar da essência: caminho de cura na Umbanda

"Oh Juremê, Oh Juremá
Sua folha caiu serena
Oh Jurema
Dentro desse congá."

Cada ser humano carrega uma centelha do amor divino capaz de nos transformar em estrelas. Somos netos do Sol e da Lua, gerados pelas mãos do Grande Espírito a partir das forças da Terra. Por isso, chamamos a Natureza de Mãe e o Criador de Pai, pois a eles estamos ligados nos ciclos de transformação que iniciamos há muitas luas, em um tempo que o horizonte não alcança. Nossa jornada espiritual não se resume às encarnações em corpo físico humano: antes de iniciarmos o percurso de vida e morte na condição atual, sob regência dos mistérios da Calunga, já fomos habitantes de outros planos do Universo, vivenciando o aprendizado em múltiplas formas de ser no mundo.

O propósito desse longo caminho dos seres dotados de vida espiritual é despertar a essência divina: saímos do Criador e para Ele retornaremos de outra forma, como luz manifestada. Podemos nos dirigir a Ele por muitos nomes: Olorum, Zâmbi ou Nhanderu. Ou, simplesmente, Força Suprema ou Grande Espírito. O importante é compreender que o raio de amor emanado de Deus vive em nós – ele nos constitui e se expande a cada passo da jornada, como flor que desabrocha ou pequena fagulha que se transforma em estrela. Este é o fundamento primordial do caminho de cura apresentado pela Umbanda, por meio da irradiação dos Caboclos: conduzir ao despertar da essência espiritual de cada ser, o que nos propicia saúde como uma dádiva de equilíbrio entre corpo, mente e espírito.

A Umbanda em si é cura: a origem da palavra *mbanda*, na língua quimbundo, remete ao ato de curar. Quando falamos em cura, não significa a promessa fantasiosa de operar milagres que anulariam toda e qualquer doença, mas uma jornada de transformação pessoal e coletiva capaz de oferecer condições não apenas de compreender e lidar com as doenças, mas de se relacionar com todas as dimensões da vida, como o sofrimento, as alegrias, as vitórias, as derrotas, as perdas, o luto, os adoecimentos, as mudanças e o transcorrer do tempo. Curar não é anular a doença em um passe de mágica. Para a Umbanda, curar é cuidar, tanto no sentido espiritual quanto afetivo, pois afeto também é espírito, e só é possível cuidar plenamente quando acolhemos e nos comunicamos com a alma.

Compreendemos saúde não apenas como ausência de doenças, mas como o bem-estar físico, mental, emocional, espiritual e social em plenitude. Não existe saúde apenas de um indivíduo. Ninguém é saudável se viver em uma terra superaquecida e poluída, com condições degradantes de vida para seus irmãos de espécie e outros seres naturais, com água contaminada e comida envenenada por agrotóxico. Ninguém é saudável refém do medo ou com a ausência de liberdade, sem autonomia e respeito para com seu próprio corpo. Somos organismos vivos que dependemos de nossa comunidade e da Terra para existir, não apenas porque extraímos dela suprimentos de subsistência, mas por conta de que o fundamento de nossas espiritualidades reside nas forças sagradas do Universo.

Como nos ensina o Caboclo Sete Flechas, saúde é a transformação das condições que permitem o equilíbrio entre corpo, mente e espírito. Saúde está na seiva das folhas (Ewé), na vibração dos animais e na força das pedras e cristais. Está na dança para os Orixás, no rufar dos atabaques e nas cantigas de fé. Está na água que sacia nossa sede e no alimento que ofertamos ao corpo. Está no ar e no chão que pisamos. E o que é doença para a Umbanda? Doença é compreendida como um instrumento de aprendizado e amadurecimento, uma ocorrência não desejada, mas que possui um propósito. O milho só se torna pipoca (duburu de Obaluaiê) se passar pelo fogo. É hora de parar e refletir sobre o que ela vem nos ensinar. Por vezes, a doença nos chama à solidariedade, à fraternidade, ao amor e ao compromisso de cuidarmos uns dos outros.

A cura na Umbanda pressupõe restabelecer a conexão com o Pai Criador e a Sagrada Mãe Natureza, a partir da centelha divina que vive em nós. Ela não ocorre de fora para dentro, mas a partir da comunhão entre o dentro e o fora, da harmonia entre o microcosmo e o Universo exterior e infinito. Cada folha que cai no chão ressoa em nosso ser, porque as fagulhas de nosso espírito carregam a essência dos rios e das cachoeiras, a seiva das florestas, a voz do vento, o frescor da chuva, o estalar do fogo, a vibração da terra, o calor e o suspiro dos animais.

Os sete elementos básicos de cura na Umbanda são as sete forças primordiais da natureza, ou sete reinos da vida: água, fogo, terra, ar, mineral, vegetal e animal. Tudo aquilo que possa vir a ajudar o indivíduo a se sentir mais integrado com a Sagrada Mãe Natureza e com todas as formas de vida existentes é caminho de cura. O encontro com a essência natural que vive em nós e em todos os seres do mundo, como nossos irmãos animais e vegetais, nossas mães e pais da água e do fogo, seres das pedras, do ar e da terra, é uma jornada que nos coloca em comunhão com o Divino Pai Criador. Esse modo de ser e viver a Umbanda possui raízes plantadas na pajelança indígena e no xamanismo, que se definem pela busca da conexão com o Grande Espírito por meio das forças da natureza.

Umbanda, religião xamânica

A Umbanda é uma religião xamânica. Essa herança pode ser mais ou menos viva, a depender do terreiro ou da tradição, mas se faz presente desde elementos rituais básicos, como o uso da fumaça e do cachimbo, a invocação de espíritos da natureza e a dança com propósito de cura, até a concepção de que somos parte de um mesmo todo e a Terra é nosso grande templo. Quando afirmamos as raízes xamânicas da Umbanda, não queremos dizer que ela é idêntica ao xamanismo, até porque não existe apenas um, mas muitos xamanismos. Apenas honramos essa que é uma de suas fontes de saber.

Por xamanismo, entende-se um conjunto diverso e múltiplo de práticas e expressões de espiritualidades em comunhão com a natureza, que utilizam técnicas de transe para adentrar a esfera espiritual. O xamã é o membro de uma comunidade que se especializou em curar, por meio da cânticos invocatórios, da saudação aos espíritos ancestrais e do chamamento de seres e forças que vivem nas ervas, nos animais e nos fenômenos da natureza, como o vento e a chuva. Existem práticas xamânicas em todos os continentes da Terra, desde a Sibéria até a África, da Austrália até as Américas.

A pajelança é uma expressão xamânica nascida em terras brasileiras, seja aquela vinculada diretamente a rituais indígenas – como o Toré e as práticas de cura entre os povos Kariri-Xocó, Xucuru e Fulniô, por exemplo – ou a chamada pajelança cabocla, exercida por rezadores nas periferias e fronteiras das cidades brasileiras, especialmente na Amazônia e no Nordeste. Os pajés aconselham, sopram suas baforadas, dançam, cantam e curam. Na Umbanda, essa herança está presente desde o seu surgimento pela incorporação dos Caboclos, nossos mestres da natureza. No xamanismo, de modo geral, as experiências podem ou não envolver o uso de ervas de poder ou enteógenas, propiciadoras de estados alterados de consciência, como a ayahuasca, o peiote ou a bebida da Jurema. Compreendemos que essas tradições ameríndias, algumas delas milenares, não devem ser banalizadas ou retiradas de seu contexto. Independentemente de diferenças rituais, o fato é que as experiências que definem o xamanismo abrangem um conjunto de práticas religiosas voltadas para o encontro com o sagrado na natureza. A Umbanda também fundamenta suas práticas no uso de uma erva sagrada para os povos indígenas: o tabaco (*petỹ*).

Com os ensinamentos de Caboclos e Caboclas, aprendemos a ouvir o vento e guiar o espírito em direção à harmonia, à paz e ao amadurecimento. O sentido de cura proposto pela Umbanda é a redescoberta do elo sagrado que nos mantém unidos à Mãe Terra. Ao tocar nossa essência espiritual, a luz de um Caboclo faz reviver sementes ancestrais ocultas em nós, e é a partir de nossas próprias forças que trilhamos o caminho de cura. Não significa que essa jornada seja solitária ou individual; ao contrário, só se torna possível se compreendermos a dimensão coletiva e comunitária de nossa existência. Contudo, depende essencialmente de nosso próprio despertar. Quando o Caboclo pisa no terreiro, ele invoca a presença de espíritos de animais, elementais e seres encantados que habitam as folhas, as pedras, o vento e as águas. Ele toca o solo para honrar a memória de seus ancestrais e clamar a força curativa da terra. Sopra as baforadas sagradas, que limpam e elevam os pensamentos em sintonia com o Grande Espírito. Todo esse ritual, bem como os ensinamentos que esses guias transmitem, revivem a raiz milenar do xamanismo dentro da Umbanda, por meio de sua vertente indígena.

Como nos ensinam as "palavras formosas" de Kaká Werá Jecupé (2016), na tradição tupi, o conceito de xamã foi traduzido como "pajé", cujo significado é "sabedoria ativa" ou "sabedoria desperta". Terra, fogo, água e ar "são os construtores e sustentadores de todas as formas de existência no mundo" – entidades de consciência superior. Ele diz ainda que "o xamanismo tupi pressupõe uma tomada de consciência de si. Pressupõe uma investigação interior. Pressupõe a necessidade de purificação da mente. Portanto também é um caminho de autoconhecimento". Em outras palavras, "para despertar o fogo da sabedoria é necessário purificar os ventos do ser".

A vivência de uma Umbanda em sintonia com a raiz indígena e xamânica envolve a descoberta de um caminho de harmonia entre o ser e o Universo, entre a essência interior e a Mãe Natureza. Essa jornada nos leva ao equilíbrio entre o corpo que recebemos como dádiva para a encarnação, a mente que nos concede liberdade e o espírito que é a chama eterna. Reconhecer que somos muitos e diversos, mas pertencemos ao mesmo Todo, é um passo essencial para respeitar e honrar nossos irmãos de espécie e todos os seres, viventes e espirituais, que habitam o planeta. Essa raiz da Umbanda nos ensina a preservar a Mãe Terra e recuperar o elo com os espíritos da natureza, que irradiam a luz do Criador. Em comunhão com a terra e nossa comunidade, e em harmonia com nosso próprio ser, encontramos paz, gratidão e oportunidades de amadurecimento. Somente assim podemos despertar o verdadeiro sentido de cura, como nos ensinaram os velhos pajés em tempos distantes, por meio de palavras que agora ecoam nos terreiros pelas bocas dos Caboclos.

22
A fumaça sagrada: elo com o Grande Espírito

"Defuma com as ervas da Jurema
Defuma com arruda e guiné
Benjoim, alecrim e alfazema
Vamos defumar filhos de fé."

"Umbanda tem fundamento, é preciso preparar", diz uma cantiga de defumação, e um de seus mais profundos alicerces é o poder de cura da fumaça sagrada. As baforadas lançadas por Caboclos e Pretos Velhos são remédios para a alma: como uma névoa que dança no ar, a fumaça convida para adentrar outras dimensões e revela o caminho de conexão com o Grande Espírito. Em torno da fogueira, ouvimos as histórias dos velhos pajés, dos caçadores e das grandes mães da aldeia, enquanto as fumaçadas sobem aos céus levando preces e trazendo conselhos.

Muito se sabe sobre a propriedade de limpeza e descarga contida na fumaça, ao desagregar energias densas ligadas aos corpos físico e espiritual. Ela alivia o peso da alma ao destruir larvas astrais, queimar miasmas e anular negatividades. Porém, ainda desconhecemos ou compreendemos pouco a sua essência curativa, como nos ensinam os xamãs de outrora, na forma de Caboclos e Caboclas. Para diversos povos originários, a folha do tabaco (*Nicotiana tabacum*) é uma erva sagrada usada para transportar as preces até o mundo dos espíritos e invocar a presença de seres encantados nas forças da natureza. Entre suas propriedades, está a de ser uma poderosa erva energética, capaz de expandir a consciência e despertar a percepção mediúnica – é como se ela fizesse adormecer o corpo e acordasse o espírito para ouvir as mensagens sagradas. No xamanismo, o cachimbo é símbolo de oração e paz, partilhado pelo rezador como uma dádiva de cura.

A fumaça transforma três elementos em prece: ela nasce do fogo purificador contido no braseiro do cachimbo; alimenta-se da erva sagrada (o tabaco), que emana a energia da Mãe Terra; e torna-se viva pelo sopro que vem de dentro do ser, simbolizando o suspiro por meio do qual o Criador nos concedeu a vida. O verbo "pitar" – que faz parte do dia a dia dos terreiros, como quando o Preto Velho pede o pito ou cachimbo – tem raízes indígenas: vem do idioma guarani (*pita*, que quer dizer fumar). Na Casa de Reza (*Opy*), espaço coletivo de devoção, os Guarani Mbya se reúnem para praticar quatro atos sagrados: dançar, cantar, rezar e pitar (este último é entendido aqui como prática ritualística, de soprar a fumaça sem inalar). O cachimbo ou *petỹngua* é, portanto, elemento que conduz as preces em forma de fumaça até Nhanderu. As baforadas são sopradas para curar, abençoar as crianças no *Nhemongarai* (rito de revelação dos nomes) ou para consagrar o milho (*avaxi*), alimento essencial para ser consumido pela comunidade na Casa de Reza. É como se a fumaça desenhasse, no ar, a trilha que leva ao Grande Espírito.

A prática de curar com as fumaçadas também faz parte da Jurema Sagrada, que se originou a partir das tradições de povos indígenas do Nordeste brasileiro. Para Mestres e Caboclos que chegam na mesa ou no chão da Jurema, o cachimbo é fundamento do rito. A Umbanda herda, pelas mãos de Caboclos e Caboclas, o uso curativo da fumaça: essa prática ritualística que atua como elemento de conexão com a Mãe Natureza e o Pai Criador é uma das tradições de origem indígena que permanecem vivas em nossos terreiros.

O cachimbo é companheiro de trabalho: ele tem "alma", no sentido de que contém e emana força espiritual. Ele conversa, acalma e aconselha no silêncio das fumaçadas. Poderíamos dizer que é uma entidade, assim como o defumador e o atabaque. Por que os guias, quando chegam em terra, salvam a curimba? O som é um ente sagrado, que permite a conexão entre o *Òrun* e a *Àiyé*, a terra e os céus, o mundo visível e o invisível. Quando se iniciam os ritos de defumação, essenciais em uma abertura de gira, saudamos o ato de defumar, como quem reverencia um amigo querido que vem de longe nos visitar. A defumação ajuda a limpar e renovar as energias, portanto é uma força espiritual que precisa ser respeitada; assim ela ganha vida, isto é, corporifica-se como uma entidade louvada.

O uso ritualístico do tabaco não se confunde com o tabagismo, que é questão de saúde pública e requer políticas de prevenção e atenção à saúde. O capitalismo e sua submissão ao lucro transformaram uma erva sagrada em fonte de vício. Também existe a concepção equivocada de que as entidades espirituais precisam fumar porque sentem falta de hábitos de que gozavam enquanto encarnados – em outras palavras, estariam "apegadas" à matéria. Contudo, o guia sopra as baforadas para benzer, cruzar e limpar, nunca por um vício. A fumaça sagrada é um recurso utilizado para manipular os elementos (ar, fogo e terra) em benefício da cura e da elevação espiritual. Ao invés de ser "dependência", ela liberta e ajuda a despertar a consciência.

Além do cachimbo, também é comum nos terreiros o uso do charuto; mas há a ressalva de que, por ser industrializado, essa segunda opção pode ser "menos natural" e conter impurezas que não ajudarão em nada no trabalho espiritual. O charuto pode ser usado, e é muito difundido, mas precisamos nos atentar para esse aspecto. Em nossa casa, temos observado que, nos trabalhos que envolvem cura, o cachimbo tem sido mais requisitado, principalmente por Caboclos e Pretos Velhos, ficando o charuto restrito ao uso pelos Exus nas descargas e limpezas, e as cigarrilhas pelas Pombagiras. Cigarros industrializados, vendidos habitualmente no comércio, são evitados.

A fumaça sagrada é um elo de comunicação com o mundo espiritual. Como nossas almas nasceram do sopro divino, o ato de soprar as baforadas revive a força da criação. A fumaça fala, anuncia, chama, invoca. Tem o poder de dispersar a negatividade, mas acima de tudo é uma poderosa guia capaz de conduzir ao equilíbrio entre a essência interior e as forças naturais. Quantos de nós já encontramos respostas para as angústias na fumaça que subia aos céus em forma de ondas, soprada por um Caboclo? Quanto bem nos faz a fumacinha de um vovô ou vovó de Umbanda? *"Minha cachimba tem mironga"*, diz uma curimba de Preto Velho. No silêncio, a fumaça leva à meditação e à introspecção. É também um portal de acesso ao mundo dos sonhos, em que vivem os seres neblina e onde podemos ouvir tanto o inconsciente – que chamamos de "voz interior" – quanto os conselhos dos ancestrais. Quando a fumaça gira no ar, dançamos juntos, na companhia dos espíritos que nos guiam.

23
Quatro elementos e quatro direções: forças de equilíbrio e cura

> "Eu vi chover, eu vi relampear
> Mas mesmo assim o céu estava azul
> Afirma ponto na folha da Jurema
> Oxóssi reina de Norte a Sul."

As quatro forças primordiais da natureza são sustentadoras do equilíbrio e da coexistência entre todas as formas de vida que habitam o planeta. Podemos dizer que o fogo, a água, a terra e o ar são nossos primeiros pais e nossas primeiras mães, pois a partir de sua essência e do seu cruzamento é que se originaram as infinitas irradiações de energia. Os quatro elementos criam, preenchem, movimentam, conduzem, morrem e se transformam dentro e fora de nós, gerando todos os seres e todas as forças naturais. Esse mistério já era conhecido por nossos ancestrais africanos e indígenas, desde tempos antigos, ao observarem o nascer e o pôr do sol, o movimento dos astros, o germinar e o amadurecer das plantas, o parir e o morrer dos animais. Eles compreenderam que não era preciso domar a natureza, e sim se harmonizar com ela para propiciar saúde e bem viver.

É necessário conhecer e, sobretudo, sentir os saberes do fogo, da água, da terra e do ar como fonte de cura, equilíbrio e manutenção da vida. Nossos ancestrais mais antigos logo entenderam que eram filhos e filhas da Mãe Terra. Com os cânticos rituais, perceberam que o fogo que enxergavam no Sol e na fogueira também ardia dentro deles; notavam que o movimento das águas e dos ares influenciava a dança de seus corpos. A Umbanda aprendeu com esses sábios a utilizar a magia dos elementos para curar: o fogo que purifica, a água que gera a vida, a terra que sustenta e o ar que expande e eleva. Um dos ensinamentos da Mãe Natureza é que suas forças podem curar ou matar, ou seja, possuem aspectos positivos e negativos, assim como uma mesma substância pode ser veneno ou remédio. A água pode tanto saciar a sede quanto afogar ou destruir, e o mesmo acontece com o fogo, a terra e o ar. Essa dinâmica entre positivo e negativo revela o poder dos elementos em conduzir ao equilíbrio natural. A essas quatro vibrações primordiais se acrescentam ainda, na Umbanda, as três fontes essenciais de axé: mineral, vegetal e animal, formando os setes reinos da vida nos quais se manifestam as forças espirituais.

O Universo se harmoniza em padrões vibracionais – e assim como são quatro elementos, também são quatro as direções sagradas: Leste, Sul, Oeste e Norte, formando uma encruzilhada de forças no espaço.* Os povos originários guiam-se pelas posições do nascer e do pôr do sol para compreender o seu próprio lugar no mundo. Cada direção oferece os seus ensinamentos, como partes do mesmo Todo, assim como são quatro as fases da lua (cheia, minguante, nova e crescente) e as estações que marcam uma volta completa da Terra em torno do Sol (verão, outono, inverno e primavera).

Quatro também são as divindades primordiais na cosmovisão guarani, os Nhanderu: Nhamandu (o Sol, chamado de Kuaray, aquele que irradia sabedoria), que faz sua morada no Leste; Tupã, divindade do ciclo das águas e do trovão, no Oeste; Jakaira, senhor dos ares, da neblina e da fumaça, no Sul; e Karai, a divindade do fogo, no Norte. A associação entre as quatro direções e os quatro elementos não é estanque ou mecânica: o fogo faz o seu despertar no Leste, onde o Sol

---

* Para conhecer um pouco mais sobre o poder de cura das quatro direções sagradas, recomendo os trabalhos de Sams (1993) e Sams e Carson (2000), com base nos ensinamentos do xamanismo indígena dos povos da América do Norte.

nasce, da mesma forma como o Norte é o ponto de reflexão e expansão da consciência em harmonia com o elemento ar; as águas também podem se vincular à energia emocional do Sul, e a terra exerce o papel de mãe acolhedora que estimula a introspecção e o autocuidado tal qual a vibração do Oeste. Poderíamos dizer que, nas quatro direções, estão os quatro elementos associados em sua multidiversidade.

Assim como a Mãe Terra gira em torno de si mesma e do Sol, percorrendo sua jornada em círculos, na espiral do tempo, o espírito vivencia ciclos existenciais marcados pelo poder das quatro direções sagradas, em que cada uma delas oferece uma profusão de ensinamentos espirituais e oportunidades de cura e autoconhecimento:

• *Leste ou Oriente* – é a direção em que o Sol nasce. Marca o princípio, o ponto de partida, a descoberta, o nascimento de uma ideia. Representa a iluminação, a motivação e a direção onde tudo começa. É também o vazio que precisa ser preenchido. O Leste é a direção de despertar de Nhamandu ou Kuaray (Sol).

• *Sul* – essa direção refere-se aos sentimentos e às sensações e convida a um mergulho no encanto e naquilo que temos de mais autêntico e espontâneo. Rege a intuição e a sensibilidade, o lado esquerdo do corpo (emocional) e a criança interior. Representa a fertilidade, a alegria e a renovação.

• *Oeste ou Ocidente* – é a direção em que o Sol se põe, para onde todos os espíritos se direcionam, representando a última morada dos seres. É o destino, o ponto de chegada, o momento de contemplação e introspecção, em que o ser encontra a verdade interior e busca o autocuidado. Essa direção também representa a passagem para o mundo onírico e para a noite e o desconhecido. É onde plantamos nossas raízes.

• *Norte* – não podemos caminhar sem ouvir os conselhos dos mais velhos, os anciões de nossa comunidade. Se o Sul nos revela a criança que permanece viva em nós, o Norte nos apresenta ao mistério ancião, à sabedoria e à voz da experiência que partilhamos através das jornadas existenciais. Essa direção representa a oração, o aconselhamento e a pacificação, em conexão com o Grande Espírito.

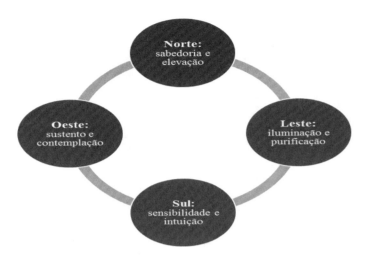

As quatro direções sagradas

Descobrir como cada uma das forças elementais atua em nosso ser e em que direção os ventos do aprendizado nos conduzem é um caminho que nos proporciona autoconhecimento, equilíbrio e paz de espírito.

24
Lições do fogo: a chama que não se apaga

"No alto da pedreira, eu vi Xangô
Vencendo essa demanda para mim
Se um dia me faltar a fé no meu senhor
Que role essa pedreira sobre mim."

A fogueira é o ponto sagrado onde se reúnem todos os membros da comunidade para ouvir e contar histórias, preparar os alimentos e celebrar os ritos de fé. O fogo é um elemento de integração e despertar da sabedoria. O seu conhecimento por nossos ancestrais longínquos possibilitou a reorganização da atividade produtiva e uma revolução nos hábitos alimentares. Talvez o fogo tenha sido a descoberta crucial que permitiu a vida em comunidade. Seja a chama de uma vela, a brasa de um cachimbo ou o fogo em um ritual de cura, o uso deste elemento invoca a força de Nosso Avô Sol, a grande fonte de luz e vida para a Terra.

Embora seja destrutivo quando queima e se alastra pela floresta, tornando-se símbolo de morte e devastação, o fogo é vida: não por acaso, o espírito é chamado de centelha divina. Somos uma fagulha emanada do Criador que nunca se apaga, porque a condição espiritual é eterna. Por isso, os rituais com o fogo buscam despertar a chama que vibra em nosso ser, limpando as sombras da negatividade e propiciando iluminação e liberdade. Em diversas tradições religiosas, o fogo é compreendido como sinal divino: ao batizar na força das águas, João Batista anunciava que chegaria um enviado dos céus que iria consagrar pelo fogo, referindo-se à missão de Jesus; São João passou a ser saudado na fogueira junina, em um costume que rememora antigos ritos de agradecimento pelas colheitas – como os saberes se cruzam, Xangô, o grande Orixá do fogo, é também louvado nessa mesma ocasião.

O fogo possui dois poderes curativos, que se contrapõem e ao mesmo tempo se complementam, pois atuam, respectivamente, nos polos energéticos positivo e negativo. O primeiro atributo é o de purificação: ele tem a qualidade de queimar, destruir e romper. O fogo é o fundamento da magia de descarga, realizada por Exus, Pombagiras, Boiadeiros e muitos Caboclos de Ogum, Oxóssi e Iansã. Essa propriedade ígnea tem potencial destrutivo, de desatar nós e desfazer vínculos nocivos. Compreender essa lição é aceitar que tudo tem um fim e precisa recomeçar: há tempo de acalentar, porém há tempo de romper e queimar. Caboclos que trabalham na irradiação de Ogum Megê, por exemplo, são sábios em desmanchar magias negativas pelo poder do fogo, abrindo caminhos em campos energéticos negativados na Calunga, sob regência de Iansã e Obaluaiê.

O segundo atributo do fogo, de natureza positivadora, é o de iluminar e conceder sabedoria, como potência de liberdade e elevação espiritual, ampliando os canais de comunicação com o Pai Criador e a Mãe Natureza. É o fogo de Xangô que consagra e equilibra ou a luz do Sol (*Kuaracy* ou *Kuaray*, chamado de "sabedoria" manifestada, pois o radical *kuaa* significa "sabedoria") que gera e potencializa a vida. Essa qualidade ígnea diz respeito ao fogo sagrado que alimenta o espírito, como a fogueira em torno da qual se juntam os anciões da comunidade para ponderar, aconselhar e tomar as decisões.

O poder do fogo, vindo do Sol ou do centro da terra, rege a atuação de diversos Orixás. Exu é a labareda que lambe e destrói, bagunça para organizar. Como alegoria maior de seus paradoxos, costuma-se dizer que *"sentado, Exu bate com a cabeça no teto; em pé, não alcança a boca do fogareiro"*. Já Xangô é o grande soberano do fogo, que vibra na lava vulcânica e nas chamas que caem dos céus em forma de raios. Representa a justiça e a sabedoria, e junto a ele se agrupam outros Orixás do panteão do fogo, como Dadá, Ayrá e Oraniã. É o poder ígneo que desperta a iluminação e a cura. Iansã é aquela que sopra as brasas e alimenta a forja de Ogum, por meio da qual o Orixá ferreiro constrói instrumentos de trabalho e guerra. Obaluaiê é a quentura da terra, o fogo que queima o milho e o transforma em pipoca.

Os seres que habitam o fogo, elementais e encantados das chamas, são invocados nos terreiros para limpar e purificar, indo até locais distantes que estejam impregnados de negatividades. Ao mesmo tempo, atuam para equilibrar e restaurar a chama de nosso espírito, semeando vibrações de iluminação, coragem e ânimo. Alguns Caboclos e Caboclas – especialistas em trabalhos com o fogo – dançam em volta da fogueira e manipulam as chamas para que alcancem o âmago do ser, operando cirurgias astrais sem derramar sangue, na tradição iniciada pelos velhos pajés e xamãs da floresta.

Oração ao fogo sagrado

Sagrados Espíritos do Fogo, sob a regência de Pai Xangô e Mãe Iansã, Caboclos e Caboclas que dominam as labaredas e dançam em volta da fogueira, purifiquem o nosso corpo de todos os sofrimentos e energias aprisionantes e nos concedam a chama da sabedoria, para que nossa fé seja como o Avô Sol a nos iluminar.

Que a centelha divina continue sempre a brilhar em nosso ser!

Salve, o Fogo Sagrado!

25
O canto sublime das águas: mergulho na sensibilidade e no encanto

"A cachoeira de mamãe Oxum
Ela é tão linda que dá gosto ver

As águas correm
As águas vibram
Ai, que beleza, mamãe
Que maravilha!"

Mergulhar no poder das águas é como retornar ao útero e receber o acalanto de mãe. Submergidos no líquido da vida, somos como peixes que brincam na correnteza dos rios: o espírito se sente seguro, aconchegado e protegido, em seu hábitat original, de onde fomos gerados. Banhar-se nas águas é permitir o fluxo das emoções, que escorrem em forma de lágrimas ou evaporam em sorrisos. O poder curativo de um banho de cachoeira ou de mar não pode ser explicado, apenas sentido. Mesmo quando somos capturados por uma rotina estressante e desligada das forças da Terra, podemos partilhar da dádiva das águas ao imergir debaixo do chuveiro, depois de um dia cansativo, e deixar a água lavar o nosso corpo como um bálsamo que acalma e restaura o ânimo.

As águas trazem um suspiro de alívio; emanam suavidade e frescor que advêm de seu atributo de geração e renovação da vida. Nossos ancestrais perceberam que viver às margens dos rios, riachos e fontes era garantir o desenvolvimento de uma comunidade fértil e saudável. As águas têm muitas faces: é o mar calmo ou revolto; o rio manso ou caudaloso; as fontes límpidas, barrosas ou salobras; a chuva serena ou a tempestade. O ciclo das águas também dinamiza as mudanças do Tempo: elas se convertem em nuvens densas no céu que desabam sobre a terra, transitando entre os estados sólido, líquido e gasoso. Cada uma de suas formas simboliza um estágio do sentimento humano, pois a água se vincula ao campo das emoções e da sensibilidade, que corresponde ao lado esquerdo do corpo. Eu sou água e em água me converto ao chorar, ao ser tocado pela força do amor, ao acalentar ou me transformar em cachoeira furiosa, como diz a cantiga:

"Eu sou das águas
Eu vim das águas
Eu sou das águas do mar
Pro mar, Boço me leva
*Pro mar, Boço me leva."**

A essência curativa da Mãe Água é aquela que acolhe e cuida, mas também destrói e afoga. Ela simboliza a força do Sagrado Feminino em todas as suas manifestações. Às águas se vinculam todas as Yabás (Orixás femininos), como Nanã, Iemanjá, Oxum, Iansã, Obá e Ewá, além de Logun Edé, Ibeji e Oxumaré. Seu poder de encantamento é reconhecido nos mitos de diferentes culturas, que falam de seres mágicos que habitam os seus reinos, como sereias, ondinas e caboclas d'água, temidas porque seriam capazes de seduzir pela melodia de seu canto e arrastar até as profundezas. O que nos diz essa alegoria sobre o canto das águas? Se nos deixamos levar pelo fluxo da sensibilidade, somos arrastados para um lugar do qual o ser humano tenta fugir: o campo em que os sentimentos se revelam em toda a sua intensidade, sem barreiras ou recalques. Por isso, os seres das águas são temidos: eles fazem aflorar

---

* Essa cantiga foi registrada no álbum "Na Eira", do grupo Ponto BR (2010), como doutrina de tambor da mata da Tenda São José e do tambor de mina da Casa Fanti Ashanti. Boço é um nome de encantado.

o sensível, e por vezes não queremos conhecer o profundo daquilo que sentimos. Embalar-se pelo canto sublime das águas é deixar-se levar, sem controle, pela potência do amor. Quem é capaz de resistir?

A Mãe Água possui força dinamizadora (*axé*) com duplo papel, atuando em dois polos energéticos (positivo e negativo), que se alternam e se complementam: ela pode ser movimento ou assentamento, intensidade ou equilíbrio, fluxo ou fixação. A primeira qualidade da água é seu poder de limpeza e renovação, pois escapa pelos dedos ou flui na corredeira: com isso, movimenta e transmite energia. Essa característica está presente no vai e vem das ondas, no mar que quebra na praia, na chuva torrencial, nos rios caudalosos ou na ferocidade do boqueirão. O segundo atributo concede fertilidade e possibilita a geração da vida: ela oferece conforto e cuidado à semente (ou embrião) para que possa germinar. São águas que purificam, acalmam, tranquilizam, acalentam e fixam energias, ofertando uma potência equilibradora das emoções, como observamos em fontes, mananciais, igarapés, riachos, lagoas e na chuva mansa e no sereno.

Cada uma de nossas mães e pais espirituais que reinam nas águas oferece uma dádiva à qual devemos honrar com gratidão. Com a energia curativa do mar, Iemanjá cuida dos desequilíbrios físicos e mentais, lavando todas as cabeças. Nanã é a grande mãe ancestral das águas, que paralisa sentimentos nocivos pelo poder das fontes e lagoas. Ewá é a senhora da pureza, criatividade e vidência, que vive no murmúrio dos riachos e nas brumas densas. Obá é a mãe que rege as pororocas e as águas revoltas, senhora da fúria e de sentimentos intensos. Iansã transmuta energias densas e oferece direção nas batalhas, ao controlar o ciclo das águas que se movimentam nos céus na forma de chuva. Oxumarê é a alternância entre chuva, céu e terra, a cobra sagrada que escorre pelo chão e semeia prosperidade, beleza e riqueza além do que nossos olhos podem contemplar. Logun Edé oferece a energia curativa do encanto, a jovialidade e o deleite; como príncipe que vive no limiar entre as matas e o rio, ele nos ensina a abrir os olhos para a magia do mundo. E Oxum, a mãe da fertilidade e da clarividência, é equilibradora das emoções, como a potência do amor que vive nas águas doces.

Nos terreiros de Umbanda, aprendemos com nossos ancestrais a utilizar a magia das águas em diversos banhos e rituais. A água emana vibrações que restauram a saúde, uma vez que é uma excelente condutora de energia. No amaci, ritual umbandista fundamental para fortalecer a coroa mediúnica, a água é elemento consagrador do Ori e desperta a intuição, a consciência espiritual e a conexão com o divino. Ela também vai nas quartinhas, de barro ou de louça, que simbolizam a energia criadora do Orixá ou guia responsável pela cabeça de um filho ou filha. A água da quartinha deve ser trocada regularmente, em um ato que representa renovação e zelo.

Caboclas e Caboclos das águas trabalham em cooperação com seres que habitam os reinos aquáticos, como encantados e elementais. São muitas as águas nas quais navegamos: do mar, de rio, da cachoeira, da mina, da lagoa, da chuva, da pedreira. Todos elas nos levam ao encontro de nossa própria essência aquática que encanta, potencializa e equilibra o fluxo dos sentimentos.

Oração às águas

Sagrados Seres das Águas, que servem aos mistérios da Grande Mãe Universal e se desdobram nos raios de Oxum, Iemanjá, Iansã, Nanã e de todos os Orixás vinculados às águas, e amados guias que se apresentam na forma de Caboclas e Caboclos do rio, da cachoeira, do mar, das fontes e da chuva, consagrem o nosso ser com o poder de suas águas para que possamos alcançar o equilíbrio das emoções e emanar as gotas sublimes do amor, que semeiam o dom da vida.

Que possamos respeitar e honrar a força do Sagrado Feminino.
Salve, a força das Águas!

26
O legado da terra: alimento e força vital

"Caboclo não tem caminho para caminhar
Caminha por cima das folhas
Por baixo das folhas
Em todo o lugar."

A Terra é aquela que podemos chamar de nossa casa e nossa Mãe. O que sustenta uma árvore são suas raízes. Sem alicerces, uma construção imponente desaba no chão. Não se erguem paredes sem um solo firme, e a terra está aqui para nos lembrar que nossos corpos são feitos de pó e que o ciclo dessa existência é finito: nascemos, vivemos e morremos na regência dos mistérios da Mãe Terra, generosa força que atua sobre a reencarnação e o desenlace, assim como nos oferece a oportunidade de habitar neste lar temporário do qual nos julgamos "donos", quando na verdade somos filhos e filhas.

Além de ser o destino de todos os seres, a terra emana saúde e oferece os alimentos para nossa subsistência. Nossos ancestrais indígenas e africanos aprenderam a agradecer pela boa colheita e pela fartura na caça, oferendando uma parte dos frutos obtidos ou repartindo com todos os membros da comunidade. O sentido da doação é um ensinamento propiciado pelos irmãos vegetais, que nada cobram pela sombra, nutrição e seiva criadora que ofertam. A terra que alimenta é domínio de Pai Oxóssi, Orixá que ensina sobre a arte de caçar sem medo de encarar os perigos da floresta. É sobre o solo que correm os animais que alimentam os Odés, assim como as plantas utilizadas por pajés e xamãs para curar. Portanto, a terra é o alicerce da aldeia.

A descoberta da agricultura, há milhares de anos, revolucionou o modo de vida de nossos antepassados, pois permitiu superar a fome – embora esta ainda assole os filhos da Terra, porque o ser humano aprendeu a cercar o muito que tem e se esqueceu das lições de doação e partilha aprendidas com os irmãos vegetais e animais. O germinar da semente depende da lei da cooperação: a terra sozinha não ativa o princípio da vida; ela necessita de água, luz solar e de vento para espalhar o pólen. Sem tudo isso, torna-se solo árido e infértil. A terra como sinônimo de território também exprime um profundo sentido de comunidade: ainda hoje os povos indígenas e quilombolas, saqueados de seus lugares de vida e de culto no processo de colonização, lutam para garantir o direito ao território, pois para eles a terra é vida, não apenas porque é onde pisam, mas por evocar raízes da ancestralidade e memórias comunitárias.

Assim como todos os elementos, a terra possui aspectos positivos e negativos: tanto descarrega quanto sustenta. Seu primeiro atributo é o de absorver as cargas prejudiciais e transmutá-las em força criativa: se o fogo desagrega negatividades, a terra tem a capacidade de sugá-las e convertê-las em adubo. A matéria orgânica depositada no solo torna-se fonte de fertilidade. É como atuam Caboclos que revelam em seus nomes o poder de "romper" ou "arrancar" com a força da terra, tal qual Seu Rompe Mato, Seu Arranca Toco ou Seu Treme Terra. A segunda qualidade é a de ser alimento: ela é o terreno em que se planta e constrói, o fundamento onde pisamos, aquela que nos concede nutrição para viver. Quando olhamos a mesa farta, devemos agradecer as dádivas da terra; e ao falar de fartura, de forma alguma estamos perpetuando a ideia de desperdício, tão entranhada na sociedade contemporânea. A natureza ensina que tudo se aproveita para o próprio benefício do todo.

Entre os nagôs-iorubás, há um Orixá feminino que representa a força original da terra, Onilé, a misteriosa mãe que atua tanto na vida quanto na morte, também representada pelo conjunto de espíritos ancestrais que habitam o interior do chão. Onilé é a própria Mãe Terra, aquela que nos aconchega em seus mistérios e em seu silêncio. Ainda que pouco cultuada nos terreiros, ela é um princípio básico sempre presente, que irradia a força do elemento telúrico. Outros Orixás também se vinculam aos poderes da terra. O primeiro deles é Obaluaiê, cujo nome se traduz como "rei e senhor da terra" – ele é quem cura todas as feridas, mostrando o quanto essa força pode nos conduzir ao equilíbrio, saúde e bem viver. Obaluaiê ou Omolu também rege os mistérios das passagens e da morte, uma vez que é na terra que são depositados os corpos após o desenlace: a Calunga Pequena (ou cemitério) é uma de suas moradas. Seres espirituais que habitam o reino sagrado da terra são invocados para atuar nos ciclos de vida e morte, bem como para conceder saúde e cura.* Junto a Obaluaiê, está a vibração de sua mãe, Nanã, senhora que une a essência ancestral da terra e da água.

Oxóssi e Ossaim também são Orixás vinculados à terra, pois habitam no profundo das matas: o primeiro como caçador, o segundo como feiticeiro das folhas. Por sua vez, Ogum é o grande patrono da agricultura, senhor de todas as ferramentas que possibilitam manejar o solo. Os Odés, de modo geral, entre eles Oxóssi e Logun Edé, têm fundamentos com a terra. Já Ossaim é o poderoso curandeiro, ao lado de seu fiel companheiro Aroni, uma entidade encantada da floresta: "Sem folhas, não há Orixá". A terra também representa o equilíbrio saudável na biosfera que permite a perpetuação da vida.

Nos terreiros de Umbanda, a terra é elemento essencial para a manutenção do axé ou força vital, utilizada em firmezas e assentamentos. São diversas as energias que podem ser emanadas por esse elemento, que se ligam a seu local de origem, tal como a terra de cemitério, em que vibram as forças de Omolu e dos Exus da Calunga, como Seu Exu Caveira, Seu João Caveira e Seu Sete Catacumbas; de formigueiro ou cupinzeiro, poderosas para proteção e descarga; e da mata virgem, que irradia a essência natural de Oxóssi. Costuma-se dizer que "o axé foi

---

* Uma belíssima descrição sobre esses seres da terra e como atuam está em uma passagem do livro Jornada de um Caboclo, de Pai Caetano de Oxossi (2019).

plantado" ao firmar os pontos de força de uma casa. Quando as entidades incorporam em seus médiuns, elas saúdam a terra com gestos característicos, tocando o solo com as mãos ou com a pisada firme. O chão que pisamos é sagrado, por isso a tradição diz que devemos andar sobre ele com os pés descalços, em sinal de respeito e humildade, como um Caboclo que caminha sobre as folhas.

Oração à terra

Sagrados Espíritos da Terra, guardiões e mensageiros da ancestralidade, que regem a vida e a morte, concedam-nos a dádiva de cura por meio do alimento que sustenta não apenas o corpo, mas, principalmente, a alma. Que as raízes de nossa fé sejam profundas e nos permitam crescer como árvore frondosa, e assim nos doar sem pedir nada em troca.

Que sejamos sementes de amor e paz!

Salve, a força da terra!

27
Mensagens do ar: a busca pela direção e pela paz

"Que cavaleiro é aquele
Que vem cavalgando pelo céu azul?
É Seu Ogum Matinata
Ele é defensor do Cruzeiro do Sul."

O ar é a morada daqueles que têm asas, das nuvens e da chuva, do vendaval, dos Seres Trovão, da névoa e da fumaça que leva as orações até o Criador. Mesmo que não sejam alados, os humanos que caminham pela superfície podem voar pelo sonho ou pelo pensamento, ao fechar os olhos e respirar fundo, invocando a magia do ar para dentro do próprio corpo. Sem a atmosfera, não seria possível a vida na Terra: ela controla a temperatura, evitando oscilações abruptas entre quente e frio, e dirige o regime das chuvas. O oxigênio é o componente da vida. Para os nossos ancestrais, o ar representava o invisível e o infinito, o elemento que compõe o céu, o caminho trilhado pelos peregrinos em direção ao mundo espiritual.

A sabedoria tupi ensina que o espírito é um vento ou sopro divino (*ayvu*), como afirma Kaká Werá Jecupé (2016). Para onde nos conduz o vento do Ser? Alguns dos espíritos que habitam os ares são ancestrais muito antigos dos humanos: pairam sobre as nuvens e cortam os céus como rajadas de luz. Embora se liguem a esferas elevadas do Cosmo, permanecem vinculados à crosta terrestre zelando pela caminhada dos filhos e filhas deste mundo em nome do amor que nutrem por nós.

O ar preenche todos os vazios: não damos conta de sua presença, apenas de sua ausência, quando paramos de respirar. Também o sentimos quando ele se faz movimento e refresca, como brisa ou ventania. Ao cortar a mata, o vento traz a fragrância das flores e os cheiros da floresta, o que significa que, por meio do ar, partilhamos os sentidos do olfato e da audição. O ar é a morada dos irmãos pássaros, que nos ofertam uma das lições desse elemento tão sutil: o sentido da liberdade e de que devemos viver cada dia como se fosse único, confiando na generosidade da natureza para nos prover saúde e força. O pombo branco é símbolo de Oxalá na Umbanda, pai da humanidade e guardião dos mistérios de Olorum. Por isso, o pombo representa a paz e a luz do Grande Espírito, assim como a águia é aquela que nos concede visão e ligação com o sagrado, pois cruza o mais alto dos céus.

O vento é mensagem em movimento, como o canto de um pássaro ao amanhecer. Quando chega, anuncia transformações. Na força de Mãe Iansã, a ventania oferece direção nas batalhas que enfrentamos cotidianamente ou coragem em meio à tempestade. Caboclos e Caboclas que trabalham com o vento são mensageiros da Sagrada Mãe Natureza, conduzindo o que é negativo até o destino acertado e trazendo boas novas – são renovadores das energias naturais.

O ar possui dois atributos, bastante opostos e complementares, presentes nos espíritos, bem como nos elementais e encantados que habitam o seu reino. O primeiro deles é o poder de condução e direcionamento: faz-se notar no vento que levanta poeira, no redemoinho e nos furacões. Esse primeiro ensinamento diz que o ar é movimento e caminho. Ogum é o guerreiro que cavalga os céus – na força do ar, ele nos concede bravura, ímpeto e coragem; Iansã é a senhora que faz girar o que está parado e encaminha aqueles que estão perdidos. Ambos manipulam os fundamentos do ar para descarregar negatividades; sobretudo as Caboclas de Iansã são conhecedoras do poder curativo do "giro". Quem gira faz o mundo girar, tal como a Terra cumpre sua trajetória em torno do Sol e em seu próprio eixo. No ar, também vibra o Tempo, que cuida do fluxo contínuo da vida e rege as mudanças cíclicas entre as estações, o dia e a noite, a chuva e o sol, assim como Oxumarê, o senhor do arco-íris, que irradia beleza, transformação e prosperidade.

Por outro lado, o ar também emana vibrações de paz, tranquilidade e fé: é o momento de respirar com calma para recuperar o fôlego e compreender melhor as situações vividas. Portanto, o ar é a chave para elevar a consciência em sintonia com as forças do Criador – infunde sabedoria, prudência, sensatez e humildade. No alto das montanhas, mais perto dos céus, contemplamos a imensidão do firmamento e percebemos o quanto somos pequeninos diante do infinito. É o elemento em que reina Oxalá, o grande Orixá do pano branco. Pela potência do ar calmo e pacífico, Oxalá nos ensina a contemplar o mundo com um olhar de misericórdia e compaixão – palavras que não significam "condolência", e sim empatia e solidariedade. Debaixo do mesmo céu, todos somos filhos e filhas de Olorum, Deus que é Pai e Mãe.

Oração à força do ar

Espíritos Sagrados do Ar, mensageiros do Divino Pai Olorum, forças que emanam o amor de Zâmbi, reverenciamos com humildade a imensidão do firmamento e, diante do brilho das estrelas, agradecemos ao vento que nos direciona e ao sopro divino que nos concede paz. Que nosso coração esteja aberto para compreender o canto dos pássaros e o conselho dos ancestrais que habitam os céus.

Salve, as forças do ar!

28
O poder de cura dos animais: axé e fundamento da Umbanda

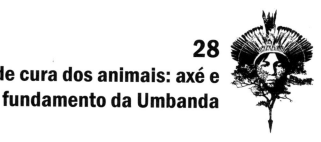

> "Se a coral é sua cinta,
> A jiboia é sua laça
> Quizua, Quizua, Quizua ê
> Caboclo mora na mata."

O Caboclo traz na cinta uma cobra-coral. Ele é filho da onça-parda, também chamada de suçuarana, e irmão da pantera-negra. Sua pisada na mata segue o rastro do felino. Como um descendente do clã de Odé, ele sente o cheiro de uma manada de queixadas e, ao disparar sua flecha, tem a pontaria de um gavião. Com a cascavel, aprendeu a transformar veneno em cura; com o tatu, descobriu como se ocultar e extrair os segredos da terra. Quando a Cabocla se senta na beira do rio, a ararinha-azul e o beija-flor vêm acariciar os seus cabelos. Esses sagrados espíritos animais se apresentam nos terreiros ao lado dos Caboclos. A invocação de seu poder de cura é a alma ancestral e xamânica da Umbanda, a raiz indígena mais viva.

O axé animal é um dos principais fundamentos da Umbanda. O Caboclo é como um xamã que invoca os espíritos de nossos irmãos animais. Esse chamamento começa pelo próprio nome de inúmeras entidades que fazem referência a pássaros, cobras e felinos. Caboclos que trazem a força da Pena despertam a sabedoria das aves e os segredos do ar: Pena Branca, Pena Preta, Pena Verde, Pena Vermelha, Pena Roxa e tantos outros. Não podemos nos esquecer de que reverenciamos Seu Cobra-Coral, Caboclo Jiboia, Sucuri e Pantera-Negra. Também nos deparamos com incontáveis curimbas que evocam a essência das matas por meio da força animal, como a que diz: "*Na mata virgem, uma coral piou/Ele atirou a sua flecha certeira*". Esses são ecos dos terreiros que nos ajudam a entender o quanto os animais são presença constante em nossos rituais. O umbandista é que ainda precisa reconhecer esses saberes da floresta, trazidos por nossos Pais Caboclos.

Animais têm alma? Ao contrário de uma concepção em que eles seriam inferiores aos humanos, dentro de uma escala evolutiva que define o progresso linear dos seres, os animais são nossos irmãos de jornada e ofertam ensinamentos sobre equilíbrio, vida e amor à Terra. Eles não estão aqui para nos servir nem para serem dominados, como se o humano fosse uma espécie superior. De acordo com a cosmovisão dos povos originários, os animais caminham lado a lado com os humanos. Os xamãs do povo Yanomami fazem descer as imagens de ancestrais animais que vivem na floresta, dos quais descendemos. Ouçamos em nosso coração as palavras de Davi Kopenawa:

> "*Em todos os lugares onde vivem humanos, a floresta é assim povoada de espíritos animais. São as imagens de todos os seres que andam pelo solo, sobem pelos galhos ou possuem asas, as imagens de todas as antas, veados, onças, jaguatiricas, macacos-aranha e guaribas, cutias, tucanos, araras, cujubins e jacamins. [...] Quando olham para a floresta, os brancos nunca pensam nisso. Mesmo quando sobrevoam em seus aviões, não veem nada. Devem pensar que seu chão e suas montanhas estão ali à toa, e que ela não passa de uma grande quantidade de árvores*" (KOPENAWA; ALBERT, 2015, p. 121).

É importante realçar: não estamos em uma escala evolutiva superior aos animais nem a nenhum ser existente nos mundos espiritual e natural. Nossa jornada é de coexistência e cooperação com todos os seres da natureza, e a relação com os animais torna-se destrutiva e predatória única e exclusivamente pelos desequilíbrios provocados pela ação humana, decorrentes da ilusão de que somos "superiores". No xamanismo indígena, os animais de poder são totens sagrados que transmitem lições existenciais a partir de sua própria maneira de viver. Cada animal oferece um recado ou um aprendizado: basta ter olhos para ver, ouvidos para ouvir e coração para sentir. Quando reconhecemos o que nos une a nossos irmãos animais, podemos compreender o que representa o voo de uma águia, o ciclo de vida de uma borboleta, o piado de uma coruja ou o modo como as onças caçam. Há uma linda cantiga que diz:

"Seu Sete Flechas
Quando vem das matas
Ele traz na cinta uma cobra-coral."

O mistério animal, assim como o vegetal e o mineral, está dentro do espírito humano. Por meio de cânticos e sons que reproduzem a sonoridade da floresta, além de danças, vibrações corporais e uso da fumaça sagrada, o xamã invoca a proteção e a cura propiciada pela força animal. De acordo com a cosmovisão dos antigos povos andinos, existem três mundos simbolizados por três animais: o condor, o puma e a serpente. Essa tríade representa a passagem entre três esferas de aprendizado. A águia ou o condor exprime o vínculo com o Grande Espírito: é um animal que busca o sol e as montanhas; seu ensinamento é a procura pela iluminação. A onça-parda ou o puma é sagaz, observador e solitário como Oxóssi: senhora da liberdade, atravessa as dificuldades com cautela e sabedoria para liderar. Representa o mundo do meio, no qual vivemos, e que exige uma pisada cautelosa e matreira como a de um felino para alcançar equilíbrio e êxito. Por fim, a cobra rasteja pelas profundezas e troca a própria pele, renovando a sua força: simboliza a capacidade de transmutação e de cura, o sofrimento que se converte em aprendizado, o veneno que é capaz de salvar. Caboclos que invocam a força da sucuri, da jiboia ou da cobra-coral são curadores que utilizam o mistério das serpentes, símbolo da medicina em diversas culturas, para alcançar a transformação da alma.

A associação dos animais com os Orixás e as linhas de trabalho da Umbanda varia de acordo com o entendimento de cada terreiro, mas ajuda a entender a dinâmica das forças da natureza. Oxóssi é o grande patrono de todos os animais, não apenas os que são fonte de alimento por meio da caça: ele é o rei da floresta e, solitário, comunica-se com todos os seres que vivem nela. Ouve e compreende os sons dos animais que voam, daqueles que rastejam, dos que caminham pelo chão e dos que sobem nos galhos. Exu pode ser associado ao gato, ao bode, ao morcego ou à própria cobra. Ao cantar, os galos anunciam o raiar de um novo dia: são mensageiros nas encruzilhadas do mundo. O cachorro é um dos símbolos de Ogum, e, na Umbanda, o cavalo também pode aparecer associado a esse Orixá, por conta do cruzamento cultural com São Jorge: *"Em seu cavalo branco, ele vem montado..."* O cão é bravura e fidelidade; o cavalo, símbolo de poder e ação. Xangô é representado pelo leão, que evoca a realeza, ou pela tartaruga, cuja carapaça lembra uma pedra e remete à proteção ancestral e à necessidade de paciência e sobriedade. Há também um ponto de Xangô que diz que sua morada é *"onde o rouxinol cantava"*.

Entre as Yabás, Iemanjá é a mãe de todos os peixes e dos animais que habitam os oceanos, como as estrelas-do-mar, os camarões e as caravelas. Oxum é a senhora do beija-flor, do canarinho-da-terra e de todos os peixes de água doce. Seu filho, Logun Edé, é representado por um pavão ou um cavalo-marinho, símbolo da dualidade, pois é o macho da espécie que carrega os filhotes e nutre, simbolicamente, o amor maternal. Iansã tem muitas feições animais: ela é a mulher-búfalo ou a borboleta, que simboliza a transformação e a passagem entre quatro ciclos existenciais. Oxumarê é a serpente sagrada da renovação. Os sapos e outros anfíbios pertencem ao reino de Nanã, senhora do pântano, assim como as corujas, que remetem à sabedoria: o sapo é um dos animais de poder mais relacionados à magia, pois manifesta a purificação de todos os males. Obaluaiê é reverenciado junto à força dos anus e outros pássaros de penas pretas, como os urubus, que reviram as carnes em apodrecimento e renovam a natureza, além de todos os animais que adentram pelas profundezas da terra, como os tatus e as minhocas. Por fim, Oxalá é representado pela pomba branca ou pelo caramujo (*igbin*).

Para conhecer o segredo de cada animal, é preciso abrir o coração para ouvir e partilhar de sua dança. Espíritos animais acompanham os Caboclos onde quer que eles estejam, seja nos terreiros ou nos trabalhos de auxílio e orientação nas esferas espirituais. No mundo invisível, eles também têm um papel a cumprir. Os lobos prezam pela segurança da comunidade e são sábios conselheiros e curadores, guiando-se pela intuição e pela luz da lua. O gavião e o falcão são mensageiros do céu e revelam o atributo da liberdade, ensinando-nos a alçar voos mais altos e a ter o olhar aguçado de um caçador, cultivando a coragem e a observação. A formiga demonstra a habilidade de organização de toda a comunidade (o formigueiro), com cooperação, paciência e harmonia: revela a força do senso comunitário e da busca pelo bem comum. As abelhas emanam a doçura e o encanto, ao converterem a seiva das flores em alimento nutritivo.

Para conhecer o potencial de cura e o ensinamento de cada animal, vale mergulhar nos saberes sobre os animais de poder no xamanismo.[*] Mesmo para aqueles que não se dão conta de sua presença, os animais ofertam proteção e cura: são companhias fiéis e generosas em nossa travessia pela Terra, ensinando a viver em equilíbrio com as leis sagradas da natureza.

---

[*] Recomendo a leitura de Sams e Carson (2000).

29
O segredo das folhas: o poder curativo do axé vegetal

"Vestimenta de Caboclo é samambaia
É samambaia, é samambaia
Saia, Caboclo, sai da macaia
Saia do meio da samambaia."

Sem folha, não tem Orixá. Esse saber ensinado nos terreiros afirma que dependemos da energia vegetal para sobreviver não apenas em relação à saúde de nosso corpo físico, mas também quanto ao equilíbrio do espírito com as forças da natureza. Com o axé extraído de raízes, caules, folhas, frutos e sementes, é possível firmar a presença da espiritualidade no mundo material, bem como consagrar e abençoar o Ori na força dos Orixás. O ser que inicia a caminhada mediúnica na Umbanda aprende a encontrar em nossos irmãos vegetais fonte constante de energia para alcançar o bem viver, por meio de banhos, chás ou rituais diversos que utilizam as folhas.

Essa é uma tradição que aprendemos com os ancestrais indígenas e africanos, que absorviam das plantas a essência empregada para curar e rezar. O uso terapêutico e ritualístico dos vegetais está acessível a todos os seres humanos, assim como todos se nutrem do alimento da Terra. No entanto, Ossaim, o dono das folhas, ensina que é preciso saber como proceder para utilizar este poder adequadamente. De que maneira podemos extrair toda a potência curativa vegetal? Antes de aprender os cânticos e as palavras de encantamento, a consagração dos vegetais requer o respeito e a reverência à Mãe Natureza e ao Pai Criador. Não é apenas o que se faz que importa, mas o como: como colocamos nosso espírito em sintonia com a força vegetal antes mesmo de colher a folha e, consequentemente, despertar o seu poder de cura. Sabemos honrar e bater cabeça para uma árvore, símbolo da vida e da ancestralidade? Temos consciência da necessidade de agradecer às folhas pelas dádivas ofertadas?

O grande segredo das ervas é a simplicidade: de nada vale um banho com 21 plantas se não houver o zelo e a devoção para consagrá-las, podendo ser mais proveitoso se banhar com uma única erva desde que haja profunda entrega e reverência. Erva é sutileza, por isso Caboclo caminha sobre elas com passo leve. Uma planta pode matar ou curar, dependendo de como se utiliza. Compreender e se dispor ao equilíbrio com a seiva vegetal é encontrar uma infinidade de recursos que servem tanto para curar desequilíbrios físicos quanto limpar e abençoar o espírito com energias de saúde e prosperidade. Há também um ensinamento que diz: "Nenhuma folha cai no chão sem o conhecimento do Pai". Essa verdade que impera no reino vegetal mostra que todos os seres dos mundos espiritual e natural estão interligados e uma simples molécula presente na folha de saião pode se tornar um bálsamo restaurador para um espírito machucado. O mesmo Orixá que reside em nós vibra também nas folhas. Por isso, as plantas são capazes de despertar o poder divino que habita o nosso ser.

Ossaim, o curandeiro das folhas

Na cultura iorubá, existe um mito (*itan*) que diz que Ossaim guardava o segredo de todas as folhas, todas as sementes e todas as raízes, das quais se servia para curar os doentes que o procuravam no mais profundo da floresta. Por desejar conhecer também os saberes contidos nos vegetais, Xangô pediu a Oyá que soprasse seu vento forte e espalhasse as folhas contidas no balaio de Ossaim. Iansã assim o fez: uma ventania cortou a mata, e cada um dos Orixás se apossou de uma quantidade de folhas, mas elas secaram e não tiveram mais poder para curar. Somente com os cânticos e as palavras de encantamento conhecidas por Ossaim era possível ativar o axé vegetal. Uma vez que Oyá se redimiu com o velho curandeiro pedindo clemência e perdão pelo seu arroubo, Ossaim decidiu conceder algumas de suas plantas a cada uma das divindades. Contudo, para ter acesso à força contida nas ervas, ainda é preciso saudar este poderoso feiticeiro que vive oculto na floresta. *Kò sí ewé, kò sí òrìsà!* Salve Ossaim!

Ossaim (*Òsányìn*) é um Orixá masculino e misterioso cujos ritos são pouco conhecidos em profundidade. Na Umbanda, ele deve ser saudado antes de qualquer trabalho espiritual que envolva a energia vegetal: é um princípio sustentador de axé, inerente à natureza e está presente ainda que o desconheçamos. Contudo, para melhor se harmonizar com ele, devemos manifestar respeito e gratidão. Na tradição umbandista, Ossaim entregou a Oxóssi e a seus Caboclos e Caboclas, bem como aos Pretos Velhos e Pretas Velhas, o domínio sobre os vegetais no espaço do terreiro. São essas entidades que manipulam o axé das ervas, com a permissão do sagrado Orixá do reino vegetal, que não se manifesta, apenas vibra ainda que oculto. Uma forma simples de reverenciar Ossaim é saudá-lo com as palavras *"Ewé ó!"*, tocando o solo antes de colher qualquer planta. Esse costume pode variar de acordo com a tradição, mas em nossa casa também costumamos pedir licença e saudar à Mãe Terra, senhora que dá força a todos os vegetais, bem como a Pai Oxóssi.

Ossaim vive no interior da floresta, cercado de mistérios e acompanhado por seu companheiro, um encantado chamado Aroni, que assusta aqueles que entram na mata sem a devida permissão. Na África, ele é o senhor de Ìràwò, na fronteira do Daomé, possuindo alguma proximidade com a família da palha (Obaluaiê, Nanã e Oxumarê). Também tem ligações com Oxóssi, pois o caçador precisa conhecer os mistérios das folhas para ser bem-sucedido em suas empreitadas. Na Umbanda, seus ensinamentos permanecem vivos no encontro entre os saberes dos curandeiros africanos e dos xamãs indígenas. Há uma oração de Ossaim que pode ser assim traduzida: "As folhas têm duas faces, como o facão tem duas faces. Qualquer doença que vá nos pegar, a folha de Ossaim não vai deixar".

Saudação: Ewé ó! ("Oh, as folhas!") e *Ewé asà!* ("A folha é proteção!")

Pajelança e cura com ervas

Os Caboclos moram nas folhas – em certo sentido, o Caboclo é a própria folha que caiu no Juremá. Essas entidades atuam como curandeiros que dominam os conhecimentos ancestrais sobre ervas, raízes e sementes: sabem para que serve cada planta, aquelas que podem curar ou matar. Com sua dança, invocam a força dos quatro elementos, extraem a seiva dos vegetais, sopram a fumaça sagrada e invocam o poder das pedras e de espíritos animais. Essa prática, que deriva da pajelança, une saberes oriundos dos povos indígenas a conhecimentos de cura trazidos pelos africanos, sobretudo de origem banto (congo-angola). Em quicongo, a palavra "umbanda" significa arte de curar. Diz-se que o Caboclo mora na macaia: palavra-síntese do encontro entre os curandeiros bantos e os xamãs indígenas. Macaia é o ato de fazer fumaça no meio da mata, para invocar espíritos ancestrais e da natureza, com o propósito de emanar fluidos curativos. Os Caboclos transformam o chão do terreiro em solo sagrado com profundo vínculo com a Mãe Terra e, com isso, exercitam a arte de curar o corpo e a alma.

O emprego litúrgico de diferentes ervas varia conforme a tradição e a região, assim como mudam os nomes pelas quais são conhecidas e sua disponibilidade. Por isso, é primordial sempre seguir a doutrina de seu terreiro, ou seja, a orientação do sacerdote e das entidades de luz incorporadas. Erva é assunto sério e requer não apenas estudo, como também dedicação e entrega. A fauna brasileira oferece uma riqueza de plantas que podem ser empregadas pela fitoterapia, como faziam as rezadeiras e benzedeiras da tradição popular. Além disso, a Umbanda também incorporou ervas trazidas de outras terras, como a própria arruda, que é de origem europeia, e a espada-de-são-jorge, vinda da África. Em geral, costumamos classificar os vegetais em dois grandes grupos, de acordo com sua finalidade: limpeza e energização.

Com o axé vegetal, é possível descarregar energias densas e negativas que circundam o corpo espiritual ou o ambiente, bem como desfazer relações obsessivas e aprisionantes, aliviar sofrimentos e purificar a aura. Essa é a missão das chamadas ervas de limpeza: algumas delas são utilizadas em banhos, outras em rituais de descarga, defumação, bate folhas ou mesmo para proteção. Exemplos simples são a arruda, a guiné, a aroeira e a espada-de-ogum. É preciso estar atento ao que se pretende e compreender as necessidades energéticas de quem será cuidado. Só a título de exemplo: a arruda é uma poderosa erva abrasiva, que absorve e retira as negatividades, muito ligada a Exu; já a guiné é uma erva metálica, que corta a demanda negativa, na regência de Oxóssi e Ogum; a comigo-ninguém-pode não deve ser usada em banhos, porque é tóxica, mas é uma excelente planta de proteção e desmanche de energias prejudiciais; já o pinhão-roxo é destinado a desfazer relações espirituais obsessivas, dentre outras atribuições magísticas. Sempre procure a orientação de seu sacerdote ou de uma entidade de luz incorporada.

No campo das ervas de energização, há uma rica diversidade de plantas disponíveis para uso litúrgico, porém, mesmo se tratando de plantas "positivadoras", devem ser usadas com cuidado, afinal, nem toda a energia nos convém. Há pessoas ansiosas e enérgicas que precisam de calma, outras abatidas e cansadas que necessitam de ânimo. Somente o curador, com profundo olhar sobre as questões vivenciadas por aquele espírito que procura ajuda, conseguirá enxergar as energias vegetais afins e propiciadoras de cura. Entre algumas das mais utilizadas na Umbanda, estão: alecrim, alfazema, boldo (ou tapete de Oxalá), saião, os diversos tipos de hortelã, poejo, manjericão, oriri, erva-doce, capim-limão, abre-caminho, colônia, anis-estrelado, assa-peixe, laranjeira, mangueira, pitangueira, graviola, levante, limão, camomila, macela, louro, romã, sálvia e samambaia. As flores – que perfumam, enfeitam e harmonizam – também são elementos essenciais nos trabalhos de Umbanda, tais como as rosas, as palmas e os girassóis: elas ofertam amor e graça e ajudam a irradiar a luz da espiritualidade.

Sementes e raízes: a força dos ciclos da vida

Assim como os animais, nossos irmãos vegetais oferecem energias curativas e ensinamentos sobre os ciclos da vida, que incluem as etapas de florescer, germinar, brotar, crescer, dar frutos e secar. Com as plantas, aprendemos o sentido da doação, porque elas concedem a força da Mãe Terra em forma de alimento e permitem a continuidade da vida no planeta. Sementes e raízes são partes dos vegetais que simbolizam o vínculo com as forças da ancestralidade. A semente contém em si toda a potência da árvore: é a vida prestes a germinar em sua plenitude. Já a raiz é o que fundamenta a planta: tanto sustenta quanto absorve os nutrientes da terra. Com base nesses atributos, ambas são utilizadas na Umbanda para transmitir o axé vegetal, tanto em rezas quanto em firmezas.

O uso de sementes que curam e abençoam é uma tradição herdada dos ancestrais africanos: o obi (ou noz-de-cola) era utilizado como moeda e alimento em longas travessias, pois é rico em cafeína, ou seja, atua como poderosa fonte de energia. É uma semente sagrada, fixadora do axé, e representa a força da oração e da ancestralidade. Outras favas ou sementes são comuns nos terreiros, como o orobô, o olho-de-boi, o olho-de-cabra, o olibé, a fava-divina, a amburana-de-cheiro, a fava-de-obará e tantas outras, empregadas em fios de contas, firmezas, assentamentos e em rezas. Caboclos, Pretos Velhos e outras entidades de luz utilizam as sementes para abençoar e fazer germinar, em nossos corações, a força do Pai Criador e da Mãe Natureza.

Já as raízes, tão empregadas como base da alimentação humana, tais como a mandioca, o inhame, a beterraba, a cenoura, a batata-doce e a *yacon*, simbolizam o vínculo com a Terra e a energia sustentadora que possibilita equilíbrio e saúde. Elas podem ser utilizadas pelos Caboclos para descarregar ou para irradiar energias positivas de harmonia, bem-estar e força comunitária. A mandioca é uma raiz sagrada considerada básica na alimentação indígena, que concede saúde e vigor. É essencial lembrar que o alimento, para a Umbanda, é sustento tanto da saúde física quanto espiritual. O terreiro é local onde se come, se dança e se festeja. A comida, portanto, é símbolo de união e celebração da vida, bem como momento de partilha e de gratidão à Mãe Terra. Essa é a grande oportunidade de cura concedida pelo axé vegetal.

30
Fragmentos de luz: as pedras e o poder do reino mineral na Umbanda

"Eu sou da mina
Eu sou da mina de ouro
Onde mora mamãe Oxum
Guardiã do meu tesouro."

Orixá é uma força sagrada e ancestral da natureza que vive também na energia bruta das pedras. Ao mergulhar nas águas da cachoeira, com licença de Mãe Oxum, aprendemos a colher a força mineral que fundamenta a vibração dos Orixás regentes de nossa coroa mediúnica. Os seixos rolados colhidos no leito dos rios ou de outros locais da natureza, como o interior das matas e a beirada das pedreiras, chamados de okutás (ou otás), são consagrados como essências vivas que contêm o poder do Orixá, podendo também trazer a força de uma entidade de trabalho, como um Caboclo ou um Exu.

Nossos irmãos minerais, como as pedras e os cristais, contêm a memória da Terra: são fragmentos de luz materializada na crosta terrestre na aurora dos tempos e, ao longo das eras, vêm armazenando conhecimentos e energias curativas que podem ser despertadas pela força da oração. É como se as pedras narrassem a história geológica da Terra: em seu silêncio, comunicam poder e vínculo com a espiritualidade. Cada mineral emana uma mensagem: costuma-se dizer que, no momento de escolher uma pedra, acontece de "bater os olhos" e ela fazer um chamado ao espírito. Portanto, é preciso despertar a sensibilidade e educar a mediunidade para colher a energia ofertada pelo reino mineral. Não por acaso, Oxum é a grande regente dessa força, ao lado de Pai Oxalá, pois a essência mineral se liga ao mais profundo da alma, onde residem os sentimentos.

Minerais, como pedras, cristais e metais, são elementos utilizados em magia há milhares de anos, em diferentes culturas. Na Umbanda, são fontes propiciadoras de axé e empregados em inúmeros trabalhos, em assentamentos ou firmezas, rituais de cura, descarga e proteção ou até mesmo para consagrar os pontos riscados com o uso de pemba, cuja origem é calcária. Cada Orixá possui algumas pedras que o simbolizam, de acordo com cores e propriedades – essa relação, contudo, varia conforme a tradição, portanto vale sempre a mesma regra de ouro: siga a orientação de seu terreiro, observando o que o sacerdote e as entidades de luz incorporadas têm a dizer.

O poder curativo dos minerais trabalha em sintonia com os chacras que vibram em nosso corpo espiritual – os chacras são como círculos ou núcleos de força que irradiam e absorvem energia em nosso ser, constituindo sete pontos principais, do alto da cabeça para baixo (coronário, frontal, laríngeo, cardíaco, solar, umbilical e básico). Como tudo na natureza, a essência mineral atua tanto no polo negativo quanto no positivo. De um lado, as pedras podem fazer a absorção e o filtro de energia; de outro, promovem o equilíbrio entre as forças que giram em torno e dentro do ser. Cada pedra, cristal ou metal possui um segredo curativo.

Algumas pedras são excelentes para purificar e harmonizar as emoções e os pensamentos, como a água-marinha, com regência de Iemanjá. Outras funcionam como escudos e amuletos contra a negatividade, como o olho de falcão e a turmalina negra. Existem aquelas que abrem portais para o mundo espiritual, como a selenita, enquanto outras desfazem e cortam vínculos prejudiciais e obsessivos, como a obsidiana, mineral de caráter ígneo formado a partir do resfriamento da lava vulcânica, que atua com a vibração de Exu e Xangô. Existem pedras para estimular a amamentação, proteção para a maternidade, superação de vícios e sofrimentos psíquicos, cuidado com idosos e para despertar a sensualidade. As variadas formas e cores de cristal de quartzo são dádivas ofertadas por Oxalá para distribuir a energia pelo corpo e estimular a saúde, a sensibilidade e a percepção espiritual. Com nossos Pais Caboclos e Mães Caboclas, aprendemos a honrar e a respeitar as bençõas curativas emanadas pelos minerais.

O Caboclo Sete Flechas utiliza três pedras fundamentais como elementos de cura: o jaspe – sustentadora da energia vital e do vigor físico, representando o corpo; o olho de tigre, poderosa pedra capaz de estimular a visão, a clareza dos pensamentos e o equilíbrio entre os extremos, simbolizando a mente; e a malaquita, mineral verde de difícil manipulação, pois contém um poder curativo despertado somente por uma entidade incorporada na força dos Orixás, capaz de alcançar regiões ocultas do ser e lembranças gravadas no mais íntimo da memória ancestral – representando o espírito. A harmonia entre essas três pedras traça um caminho sagrado de fortalecimento e equilíbrio entre corpo, mente e espírito, base daquilo que compreendemos como saúde.

Assim como Oxum zela sobre nossos corações, devemos aprender a cuidar com carinho dos minerais, sobretudo daqueles que representam a energia sagrada dos Orixás e guias de luz, como os okutás. Ao lavá-los em água corrente ou nos pontos de força da natureza, como as cachoeiras e o mar, nutrimos o nosso próprio equilíbrio espiritual, uma vez que as pedras e os cristais emanam fragmentos de luz sobre o nosso ser. Também precisamos despertar a sensibilidade para contemplar os conhecimentos e os conselhos de nossos irmãos minerais, que trazem verdades ocultas há milhões de anos, ao longo dos ciclos da Terra, mostrando que, na dureza da pedra, está materializado o amor divino.

31
A cura na visão de um xamã yanomami

"Os brancos não sabem nada dessas coisas. Se contentam a pensar que somos mais ignorantes do que eles, apenas porque sabem fabricar máquinas, papel e gravadores"
(Davi Kopenawa).

A floresta é fonte da espiritualidade para os Yanomami. Esse povo guarda características linguísticas muito peculiares que os diferencia de seus vizinhos: segundo uma hipótese citada pelo antropólogo Bruce Albert* (Kopenawa; Albert, 2015), eles seriam descendentes de um antigo grupo ameríndio (os "proto-yanomami") que, há um milênio, habitava a Serra Parima, um maciço montanhoso entre o Alto Orinoco e o Alto Rio Parima, entre o Brasil e a Venezuela. Atualmente, a Terra Indígena Yanomami cumpre um papel importante de proteção à biodiversidade e à Amazônia e de preservação da cultura ancestral, embora o território esteja ameaçado pela presença brutal e constante de garimpeiros. Nas palavras do xamã Davi Kopenawa, "a floresta está viva" – sua existência garante a sobrevivência dos seres humanos e possibilita a invocação dos espíritos *xapiri* pelos xamãs, para dançar e curar.

---

* Antropólogo francês responsável por sistematizar os ensinamentos do xamã Davi Kopenawa.

Se os *xapiri*, habitantes sagrados da floresta, propiciam os rituais de cura entre os Yanomami, é importante que se diga que o conceito de "espírito" para esse povo não é o mesmo adotado pelo espiritismo de origem europeia, como o ser que viveu e desencarnou, progredindo assim no caminho da evolução. Quando *Omama* criou o povo Yanomami, desejava que fossem imortais, mas a morte foi revelada por seu irmão, *Yaosi*. Então *Omama* gerou uma infinidade de espíritos da floresta, das águas e dos animais para vencer as doenças e espantar a morte, escolhendo o seu filho para ser o primeiro xamã.

Com a dádiva recebida, o filho de *Omama* foi o primeiro humano a "virar" espírito, por meio do transe ritual com o uso da *yãkoana*, uma erva de poder. Há uma linda passagem em que Kopenawa (Kopenawa; Albert, 2015, p. 175) relata o momento em que ele próprio decidiu se tornar um xamã e pediu aos mais velhos que lhe concedessem os seus espíritos: "me tornei xamã como eles para ser capaz de curar os meus". Os *xapiri* não seriam, portanto, espíritos encarnantes, mas algo que se assemelha a seres que habitam os reinos da natureza. Existem *xapiri* das árvores, folhas, cipós, terra, pedras, águas, vento e chuva. Os xamãs invocam as suas "imagens", semelhantes a miniaturas humanas, e podem também chamar espíritos celestes, como o ser do vendaval, dos raios, do trovão e o ser do tempo seco.

Os espíritos animais, antepassados dos humanos, têm um poder especial de cura. São guerreiros valentes que carregam armas perigosas, como sabres e lanças, com os quais se esforçam para curar: Kopenawa também narra que eles se banham nos rios e voam sobre a floresta e "são os verdadeiros antepassados". As palavras deste yanomami nos ajudam ainda a compreender o poder dos sonhos, quando ele diz: "Os brancos não sonham tão longe quanto nós. Dormem muito, mas só sonham com eles mesmos" (Kopenawa; Albert, 2015, p. 390). Por meio das imagens que visitam a mente durante o sono, os *xapiri* ajudam o caçador a trazer boa caça, orientam os xamãs em suas curas e despertam decisões de liderança. Para nós, umbandistas, os sonhos são a voz da alma, o caminho do ser para o mundo espiritual. Contudo, que sonhos nos permitimos numa sociedade cada vez mais distante do elo ancestral?

Imersos em um mundo agitado e veloz, com valores individualistas que contrastam com aquilo que aprendemos na Umbanda, encontramos dificuldades no exercício de uma mediunidade responsável e consciente, em sintonia com os ensinamentos dos Caboclos. "Sem virar outro, mantendo-se vigoroso e preocupado com o que nos cerca, seria impossível ver as coisas como os espíritos as veem", afirma Kopenawa (Kopenawa; Albert, 2015, p. 141). É preciso esquecer o mundo para ouvir a alma; desligar-se do que está fora para se conectar com o que está dentro. Essa é a lição que os xamãs tiram de sua iniciação: simbolicamente, trocar a pele humana e abandonar as limitações do ser.

Curar é uma prática que exige desprendimento de tudo o que nos cerca: antes de nos voltarmos para a cura do outro, temos que mergulhar em nossa própria jornada de transformação. Ao guardar "a voz dos espíritos no pensamento", podemos expandir a nossa alma e compreender que somos filhos da Terra. Essa busca envolve necessariamente um encontro com as raízes ancestrais e com o respeito à consciência ambiental: não sobreviveremos sem a floresta. Cada vez que viramos as costas para ela e compactuamos com a sua destruição, mais perto ficamos do fim do mundo – o que para os Yanomami é "a queda do céu". Isso é o que nos ensinam os Caboclos da Umbanda e os xamãs indígenas. Diz Kopenawa sobre os espíritos: "[...] vamos continuar fazendo dançar as suas imagens e defendendo suas casas, enquanto estivermos vivos. Somos habitantes da floresta. É esse o nosso modo de ser e são estas as palavras que quero fazer os brancos entenderem" (Kopenawa; Albert, 2015, p. 510-511).

Palavras de Caboclo: mensagens aos filhos da Terra

> "Ererê
> Caboclo Sete Flechas no congá
> Saravá, Seu Sete Flechas
> Ele é o rei das matas
> A sua bodoque atira, Caboclo,
> A sua flecha mata."

Foi em uma noite de luar que me sentei para ouvir as palavras do Caboclo. Inebriei minha alma no canto doce da oração e, com humildade, esperei que meu Pai, o Caboclo Sete Flechas, enviasse as suas mensagens. Já sabia que elas viriam porque ele havia avisado em meu coração. No entanto, como um filho desconfiado, ainda relutava em acreditar: "Será que é coisa da minha cabeça? Será que estou ouvindo vozes ou inventando? Como ter certeza de que o Caboclo está presente?" Porém, a insegurança jamais me impediu de seguir adiante, não por mim mesmo, mas porque há sempre uma voz que sussurra em meu pensamento: "Acredite!"

Quando senti que era a hora, foi como se escutasse novamente o assobio de uma ave cortando o silêncio da mata. Fechei os olhos e agradeci às estrelas, ao Criador e à Sagrada Mãe Natureza a oportunidade de ser acolhido e cuidado pelos enviados de Oxalá. Em pensamento, deixei o coração percorrer os caminhos traçados pelo vento até a entrada da mata, reino de Pai Oxóssi, templo do equilíbrio e da vida. Esperei que os guardiões me dessem licença para entrar e, então, minha alma foi inundada pela melodia entoada pelos seres que vivem no interior da floresta como se cantassem em agradecimento pela vida. Em sintonia com a força ancestral das matas e dos rios, venci o medo e simplesmente me entreguei às palavras do Caboclo, que você lerá adiante. Algumas delas podem falar diretamente à alma, outras parecem estar além da nossa compreensão, pois de fato não é possível absorver o seu sentido racional. Como enfatizamos desde o início deste livro, na Umbanda não basta entender, é preciso sentir, vibrar e se encantar. São palavras, antes de tudo, para contemplar em silêncio.

Sementes da Mãe Terra*

Amados Filhos da Terra,
Salve, a força das matas!
Salve, o Sol! Salve, a Lua e as Estrelas! Salve, a imensidão do Firmamento que chamamos de A Morada de Deus.
Salve, as águas doces dos rios que emanam amor e cura.
Salve, a velocidade do vento que aponta a direção como uma flecha.
Salve, a Mãe Terra, soberana ancestral de todos os povos que já habitaram a sua superfície e dos que ainda vão existir daqui a milênios.
A Terra é mãe que jamais abandonará seus filhos e filhas. Ela cuida com desvelo de todas as criaturas, de todos os seres que vagueiam sobre ela, ainda quando maltratada e esquecida. A Terra é fonte de alimento para a alma. Meu povo a considerava como Mãe e Avó. A Terra pariu os seres-alma e recebeu os habitantes de outros mundos como nossos tutores e orientadores.
Assim caminhamos por infinitas eras. Nosso primeiro ancestral veio das estrelas, descendo por um fio de teia de aranha tecido desde a

---

* Mensagens do Caboclo Sete Flechas recebidas por meio de psicografia.

aurora dos dias. A Terra foi povoada por povos de todas as cores, que ganharam a missão de viver em respeito e harmonia tal como o arco-íris representa o equilíbrio.

Os tempos passaram, e a Terra se desmanchou em guerras. Foi manchada pela ganância, pela cobiça e pela desunião. Os povos se voltaram uns contra os outros e ensinaram a seus filhos a deslealdade. Venderam a terra como sua propriedade, a cercaram e expulsaram aqueles que não eram mais considerados seus irmãos. Mas todos haviam sido paridos do mesmo ventre da Grande Mãe da Lua, a Senhora que vagueia pela Noite, a Sereia das Águas. Todos foram gerados pela luz do Sol, que brilha somente quando deve brilhar e depois cede seu espaço à noite. Todos são feitos do mesmo pó e da mesma cinza.

Por que se esqueceram que eram fagulhas emanadas do Grande Espírito? Por que deixaram de ouvir a música harmoniosa do Universo?

O toque ancestral dos tambores ainda clama em seus corações. Ainda convoca os seus espíritos adormecidos. A fogueira sagrada na qual se sentaram, na alvorada dos tempos, ainda arde oculta sob o chão de concreto e pode ser revigorada como fonte de cura e equilíbrio. A fumaça e o vento ainda sopram em suas aldeias.

Não é o fim do caminho. Não é o tempo do estio. Não é o momento da desesperança. Ao contrário, amados filhos e filhas, é tempo de dançar a canção das estrelas e reavivar o grande espírito da noite e do dia que habita em cada um de vocês.

Vocês são fagulhas e poeira de estrela. Não deixem esta luz apagada.

Para ouvir, é preciso silenciar

Como compreender o recado de Caboclo?

A primeira lição é esvaziar a mente, o que não é fácil, pois a música do pensamento não para de soar. Deixe-se levar pelo encanto.

Simplesmente se entregue com amor e gratidão, pois nem tudo pode ser compreendido pelas línguas humanas. É preciso traduzir a mensagem dos Caboclos. O médium não deixa de ser um tradutor, um espelho que pode estar embaçado ou nítido. Depende do silêncio e do esforço.

Esvazie a mente. Abra a mão de conceitos anteriores, de visões pre-concebidas, das angústias sufocantes, de todo o medo de existir plenamente para o mundo espiritual.

Ouvir o Caboclo é simples. Basta prestar atenção no canto de um passarinho. Quantas vezes já pararam para sentir o perfume de uma flor? Quantas vezes já mergulharam nas águas de uma cachoeira sem hora para sair? Quantas vezes agradeceram à Terra pelas dádivas recebidas?

Confie na direção apontada por seu coração. Se estou com você é porque um fio de amor nos une, e não há nada que possa apagá-lo. Há um compromisso entre o guia e aquele que é guiado. E este se chama amor.

Confie em seus passos, porque onde você pisa é folha amansada por Caboclo.

As aldeias e cidades espirituais

Quem são os filhos das estrelas e da mata que assumem os nomes de Caboclos? De onde eles vêm? Onde é sua morada? Esse é um mistério que ainda não se desvendou ao olhar humano que busca tudo explicar e resolver. O horizonte espiritual é vasto e ainda incompreensível por meio de palavras.

Os espíritos que vagueiam pela escuridão da noite são conduzidos até as aldeias erguidas junto aos pontos sagrados de força para receberem amor e cuidado. Na entrada, são acolhidos pelos guardiões, que os direcionam a um leito de palha, onde podem descansar e receber um preparado de ervas em seus corpos, curando as feridas e as dores. Logo chegam seres que habitam as matas, animais e elementais das folhas, seres da terra e da seiva, que se agregam em torno desses espíritos sofridos para curar, ao sinal das Caboclas e dos Caboclos. As Mães das Águas trazem unguentos preparados com macerados de ervas e, com seus perfumes, removem as feridas causadas no corpo-alma do ser, retiram a dor, consolam as lágrimas e os fazem adormecer. Passam-se dias, e elas permanecem nesse cuidado, entoando cânticos de ninar e fazendo o espírito que acabou de chegar transmutar a sua vibração, na força das águas, das folhas e do vento.

Há Caboclos Velhos que se sentam em torno da fogueira para contar histórias àqueles que já têm condições de compreender, após passarem pela experiência do desenlace e serem recebidos nas aldeias espirituais. Ali, em torno do Fogo Sagrado, são iluminados pela sabedoria e pelo exemplo, e confortam a saudade que sentem daqueles que ficaram. Por vezes são conduzidos até a beira dos lagos e igarapés, onde podem contemplar, por meio de espelhos de luz, os entes amados que ainda vivem na Terra. Nesses momentos, quando tomados pela emoção, são envolvidos por encantadas das águas, em forma de mulheres-peixe, mulheres-luz e mulheres-estrela, que não podem ser compreendidas por um olhar simplesmente terreno, pois elas são misteriosas servidoras da Mãe das Águas, aquela que só emana amor.

Quando eu mesmo fiz minha viagem de regresso ao mundo espiritual, depois de uma batalha em que fui ferido pelos homens que carregavam armas de raios, ainda me lembro do instante em que meu corpo mergulhou no rio e minha alma viajou por entre as corredeiras em direção a algo que eu ansiava e ainda não conseguia contemplar. De repente, me vi diante de uma cachoeira na floresta: de suas águas, surgiu a grande senhora que havia parido todo o meu povo de seu ventre. Era uma mulher que habitava o leito dos rios, com uma feição que não há palavras para descrever. Simplesmente contemplei em lágrimas a sua beleza e a sua força e assim me vi de volta à terra dos meus ancestrais, que só visitava em sonhos para receber conselhos e orientações.

Esse relato é apenas uma simples amostra para que os filhos da Terra entendam a imensidão do amor de Deus por todos os seres – e como nenhum filho é desamparado na hora em que mais precisa.

Aruanda é uma terra espiritual construída pela união fraterna entre os ancestrais indígenas e os curandeiros vindos do continente negro. Aqui o amor fez germinar uma vastidão de aldeias e cidades espirituais, como o Juremá, plantadas e alicerçadas nos pontos sagrados de força da natureza, como os rios, as matas, o cume das montanhas e o alto-mar. Sobre essas cidades e aldeias, erguem-se espelhos de luz construídos com cristais invisíveis ao olho humano, que trazem a luz dos habitantes das estrelas – de onde todos os seres vieram. Esse é um mistério que ainda não cabe em completo entendimento.

Nas aldeias e cidades encantadas, vivem seres humanos e para além do humano, fontes de luz da Mãe Terra e propiciadores de cura e alento para a alma. Ali se aprende, se vive, se cura, se constrói, se planeja e se transforma – seja para habitar um novo corpo em uma experiência de vida terrena ou para iniciar as viagens por outros planos além da compreensão.

Ainda permanecemos como habitantes das aldeias e cidades encantadas, pois nossa missão é cuidar dos filhos e das filhas da Terra por amor, dádiva e graça do Criador. Um dia estaremos todos juntos rumo a outras dimensões de luz em que continuaremos a jornada de aprendizado e despertar da essência amorosa e divina.

O poder dos sonhos e o nascimento da Umbanda

Num tempo em que ainda se podia sonhar, nosso povo conheceu os segredos do céu, da terra, das águas e do fogo. Aprendeu a caminhar com as estrelas e a ouvir a voz que ressoa na floresta. Quando adormecíamos, entrávamos na dimensão espiritual em que era possível enxergar com plenitude o mundo dos vivos e vislumbrar o mundo dos antepassados. Aprendemos que o sonho era a linguagem para conversar com os seres da natureza e com o Ser Criador. Compreendemos que poderíamos caminhar em direção ao passado e contemplar outras existências que havíamos vivido, assim como aspirar um dia estar em harmonia com os espíritos sagrados da natureza e ser um só corpo-alma com a Mãe Terra.

Nas brumas dos sonhos, nossos antigos entenderam que a terra passava por uma grande transformação que iria exigir o sacrifício de muitos de seus filhos, para que um dia fosse gerado o tempo em que não haveria mais guerra, nem traições, nem mentiras; para que fosse gerado o tempo da verdade, da solidariedade e da união. Nossos avós choraram de medo e gratidão ao saber o que o destino guardava para seus filhos, porque o rio era caudaloso e muitos haveriam de se perder em suas correntezas.

Os sonhos também revelaram que nosso amor pela Mãe Terra chegaria vivo a gerações vindouras, porque muitos de nós iríamos cultivar os ensinamentos de fraternidade entre os povos de todos os cantos do mundo. Essa foi uma missão que nos foi confiada pelo Grande Espírito no momento em que desejou trazer à Terra um rastro de luz chamado Umbanda. Um conselho de sábios anciões do povo vermelho se encontrou com os curandeiros e feiticeiros que haviam sido trazidos à força nas grandes canoas do mar para juntos iniciarem uma jornada de restauração da fraternidade e do amor sob a luz do Divino Pai, Deus Universal de todos os seres.

Nossas palavras chegaram ao coração de muitos irmãos que haviam perdido a esperança e que necessitavam novamente entrar em equilíbrio com a força geradora da vida, emanada pela Mãe Terra. Muitos vagavam pela escuridão, e seus cantos de dor e lamento eram súplicas por socorro. Alguns – ou tantos! – eram nossos irmãos e filhos que haviam se desviado por não compreenderem mais os mistérios do Grande Espírito. A violência havia se disseminado de tal maneira pelo mundo que muitos do nosso povo se perderam pelo caminho.

Chegava, portanto, a hora de reviver o sentido do amor em corações machucados sobre a Terra. Não era apenas um despertar de consciências, mas a redescoberta da sensibilidade e do equilíbrio com a Sagrada Mãe e o Sagrado Pai Criador.

Tudo isso foi sonhado por nossos avós, em viagens percorridas durante a noite, quando os homens semeadores da violência ainda nem haviam desembarcado nas grandes canoas vindas da outra parte do mar.

Era um grande sonho de harmonia, entendimento, diálogo, solidariedade e irmandade a ser cultivado pelos filhos e pelas filhas da Terra, em equilíbrio com todos os seres da natureza.

Esse foi o desabrochar daquilo que vocês chamam de Umbanda. Primeiro em sonho, depois nos Conselhos dos Sábios oriundos de distintos povos, para traçar os caminhos de despertar do espírito.

Não existe religião certa ou errada para os espíritos. Existem caminhos, trajetórias, histórias, narrações. Cada ser humano escolhe o enredo que melhor conversa com o seu interior. Todas são fruto do propósito de colocar o humano em equilíbrio com o natural e o divino, mas muitas delas se esquecem de cultivar o respeito mútuo e se perdem em desejos vãos que habitam os corações humanos.

***

O amor é a semente que fecunda os seres com o princípio da vida. Não há vida sem amor. Não há amor sem vínculo. Não há vínculo sem partilha. O aprendizado de cada um é o equilíbrio do todo. O todo vive no coração de cada ser. A comunidade é a oportunidade de vivenciar o amor em todas as suas contradições: porque se não há um ser igual ao outro, o estar junto possibilita o cultivo do respeito e da aceitação.

O encontro com as raízes

Você que tanto deseja encontrar suas raízes, olhe primeiro para dentro de si. Sinta a melodia do seu coração. Dentro de você vivem seus ancestrais humanos, além de todas as forças da natureza que lhe concedem proteção – o vento, a chuva, as águas, o fogo, a terra, os animais, as árvores e as pedras.

Suas raízes remontam aos povos que habitavam a floresta e serpenteavam pelas margens dos rios há milênios. Essa história não se perdeu no tempo, mas vive dentro de você. De cada um de vocês.

Simplesmente agradeçam pelas raízes que os geraram e os permitiram chegar até aqui e sintam a força que os direciona para o futuro.

A mensagem das matas

O silêncio da floresta conversa com a alma, pois a mata possui vida espiritual para além do que o olho humano é capaz de apreender. A seiva das folhas emana propriedades curativas que já eram conhecidas pelos nossos antepassados há inumeráveis luas, quando ainda habitávamos as florestas e vivíamos em sintonia com a Mãe Terra. Filhos e filhas da Terra transmitiram, através das gerações, segredos e conhecimentos sobre o modo de se cultuar o Divino e se relacionar com a Mãe e o Pai que vivem nas matas, os princípios masculino e feminino que concedem a seiva da vida e a cura. A medicina da alma e do corpo foi cultivada pelos xamãs dos tempos longínquos, quando nossos pais e nossos avós formavam uma grande nação descida das estrelas para povoar a Terra.

A mata nos cura porque somos a mata. Não somos um corpo estranho que habita o chão e apenas produz destruição. Somos organismo em sinergia, força nutritiva e alimentadora, que comunga da mesma espiritualidade da floresta. Cada forma de vida que percorre a travessia da mata é um ser dotado da centelha espiritual e é capaz de doar sua energia curativa em forma de amor e generosidade.

A mata é silêncio, mas é também voz que se comunica, espírito que fala, desejo que sente, gesto e som, música inaudível aos ouvidos apressados e acostumados com o deleite momentâneo, pois o que a mata tem a oferecer é o equilíbrio espiritual do ser com a sua chama original – a harmonia entre corpo, mente e espírito, como alegria e propósito de viver bem e em plenitude.

A mata é vida, semeada pelos espíritos da Criação – provindos das mãos generosas do Criador. Ela é fragmento do poder divino que alimenta. É néctar, raiz, mel, folha, fruto, semente; animais que voam, andam, rastejam, sobem em árvores; pedras de todas as formas e tamanhos, que são como fagulhas que contêm o amor divino. Além do que se vê, está aquilo que apenas se sente: experimentem fechar os olhos ao adentrar a floresta. Sintam a presença do desconhecido, o oculto sempre em vigília, olhos atentos que observam pelas sombras das árvores, vozes que só se escutam caso seja possível apurar o coração, sensações e percepções de que ali habitam seres para além do que se pode descrever.

Chegará o tempo em que os filhos da Terra reconhecerão a dívida que possuem com a mata, pois esta sempre nutriu a humanidade com amor, mas recebeu em troca a subjugação e a destruição.

O Tempo se encarregará de ensinar àqueles que ainda não entenderam que a cura clamada pelo chão e por todos os corpos humanos vêm das folhas e dos segredos silenciosos contidos nelas. O poder de encantar a vida e libertar a alma emana da floresta. Essa força vive dentro de cada um de vocês, meus filhos e minhas filhas da Terra, e nunca os abandonará.

Quem fala é um humilde Caboclo que aprendeu a colher cada grão de terra que compõe esta imensidão. Que se dispôs a manejar com harmonia e devoção os segredos transmitidos pelos irmãos naturais.

Que os seus corações estejam abertos para compreender e, acima de tudo, sentir.

***

O que se criou não se perde.

O que já existe tem a potência de se renovar.

O passado será novo em cada ser que se colocar em movimento no mundo.

O Tempo poderá ensinar aos filhos e às filhas que desejarem aprender.

Não se esqueçam de olhar as estrelas. Não deixem de contemplar o movimento das marés. Não calem a voz do vento. Não negligenciem a força destrutiva e renovadora do fogo. Não se deixem contaminar pela angústia e pela sensação de não ser parte da Terra. Sejam sementes.

7 Flechas

(Essas mensagens foram transmitidas por meio de psicografia mediúnica pelo Caboclo Sete Flechas de Luz em noites de fevereiro de 2021.)

Canto de amor

Quando sua alma se sentir só, viaje até as profundezas dos rios e torne-se água. Deixe as lágrimas de tristeza e melancolia escorrerem porque nós vamos colher cada gota como semente. Abra seu coração para ser tocado pela experiência transformadora do amor. Ele é como uma estrela que guia o passo dos peregrinos na noite sem luar. A estrela nunca deixa de brilhar, mesmo quando coberta pela nuvem. Assim também é a fé, que nunca se apaga mesmo quando sufocada pela cadência, agitação e angústia dos dias. Você consegue sentir a força das águas? Consegue ouvir o canto das Caboclas sentadas na beira da cachoeira? Me dê a sua mão que eu serei a sua companhia até o reino sagrado do amor. Confie que iremos juntos. A estrela-mãe nos conduz.

Alguns me chamam de Caboclo da Estrela Guia, outras me conhecem como Cabocla Flor do Amanhecer. Sou apenas uma serva de Oxum.

Palavras finais: flechas na Aldeia

"Caboclo apanha a sua flecha
Pega o seu bodoque, o galo já cantou
O galo já cantou em Aruanda
Oxalá te chama para a sua banda."

É chegado o tempo de agradecer. A alma encontra um caminho, há muito buscado, de ligação com as forças ancestrais da natureza. Uma cantiga ressoa no terreiro, ao rufar dos atabaques, e o corpo é aquecido por uma força que vem de longe: fecho os olhos e sinto a presença de meu Pai Caboclo, de minha mãe Cabocla, que me envolvem com um abraço. Nesse aconchego sem fim, não há o que fazer a não ser se entregar e simplesmente agradecer. Nada mais importa neste instante: dúvidas, angústias, incertezas, devaneios, ilusões se esvaem e resta apenas o brado forte de um ancestral da mata, a força de um guia que vem das estrelas, do sagrado reino do Juremá. Como posso alcançá-lo? Como senti-lo plenamente sem me desviar por pensamentos alheios? *"Apenas se esqueça de tudo ao redor e confie"* – certa vez me disse meu padrinho Caboclo Cobra-Coral. O que me resta, então, a não ser mergulhar nas águas revigorantes do encantamento e deixar a essência espiritual fluir?

Somos feitos da mata. Em um tempo cuja memória se perdeu nos registros escritos, mas que permanece vivo na tradição oral dos povos originários, o humano compreendeu que era natural e divino ao mesmo tempo: a Terra é nossa mãe, provedora de força e de sentido à existência, assim como são nossos irmãos todos os seres e todas as entidades espirituais que a habitam. Essa cosmovisão que diz que somos parte da natureza, e não senhores dela, chega na Umbanda pelos ensinamentos dos Caboclos e das Caboclas, guardiões da sabedoria ancestral indígena. Absorver esta consciência espiritual faz toda a diferença na caminhada mediúnica umbandista, porque quando sentimos o Caboclo em nossos corpos é a força das matas que experimentamos, a potência do fogo, a cura das águas, a direção do vento, a chuva, os trovões, as pedras e o aconchego da terra. Ao partilhar essa dádiva capaz de equilibrar e curar, não apenas a nós mesmos, mas também àqueles que fazem parte de nossa comunidade, não podemos deixar de agradecer aos seres de luz e de amor que se dispuseram a nos guiar na jornada de aprendizado.

Hoje sei que o Caboclo Sete Flechas me acompanha desde muito antes de iniciar minha caminhada na Umbanda. Ou serei eu que o acompanho como um discípulo segue a luz do mestre? Talvez o elo que nos una seja um vínculo antepassado remanescente de outras vidas; ou simplesmente nos cruzamos quando eu, caído no abismo, buscava a luz, e ele me ofereceu a sua companhia como um bálsamo. O que reconheço, no entanto, é que essa relação não é exclusiva nem egoísta: ela se faz como pertencimento a uma comunidade de espíritos afins, que se auxiliam mutuamente para o despertar da essência divina e se dedicam ao cultivo da fraternidade e do amor. Caboclo não é um guia particular, mas um mestre que atribui sentido e pertença. Caboclo é comunidade – é aldeia.

Precisamos, portanto, agradecer ao sagrado do qual somos parte como uma comunidade espiritual. Cada Caboclo e cada Cabocla nos oferece uma flecha, um canto ou um brado de ensinamento. A aldeia cultiva o sentimento de coletividade. Somos um todo e o todo vive em nós. A roda de cura não se faz sozinha, ela se constrói com pedras, animais e plantas que colhemos ao longo do caminho de nossas vidas; vem do antes, do agora e do depois; é um rito que alimenta a conexão com nossos pais e mães do fogo, da água, da terra e do ar; e, por fim, concretiza-se como sinergia entre todos os seres que se dispõem à gira. Quem caminha sozinho não caminha.

Com os Caboclos e as Caboclas, aprendemos que fomos honrados com sete flechas que hoje vibram em nossa alma: de Ogum, recebemos a flecha da coragem e da iniciativa; de Oxóssi, o equilíbrio com a mata e o sentido de comunidade; de Xangô, a justiça e a temperança; de Iemanjá, o cuidado e a geração da vida; de Oxum, o amor e o encanto; de Iansã, a direção e a mudança; e ainda partilhamos a flecha dos anciões – Oxalá, Nanã e Obaluaiê –, que nos despertam sabedoria, paz e fé. A harmonia entre essas sete flechas nos permite entender que, juntos, somos mais fortes; que só aprendemos pela experiência da troca e da vivência coletiva. Ainda contamos com o canto doce das Crianças, a companhia sincera e atenta de Exus e Pombagiras e os exemplos de solidariedade e cooperação partilhados no dia a dia por uma infinidade de espíritos ancestrais de luz. Como sempre nos diz o Caboclo Sete Flechas, em um gesto de humildade e reconhecimento: "Eu não trabalho sozinho". Com isso, ele nos lembra que até um espírito bastante experimentado na jornada existencial precisa do amor de seus filhos, da companhia de seus "manos e manas" e da orientação de seus mestres maiores, sob a luz do Divino Pai Oxalá.

Para você que chegou até aqui nesta jornada de aprendizado, meu irmão ou minha irmã, e busca (re)encontrar o elo ancestral com o espírito Caboclo, o que posso partilhar como conselho é a esperança: as palavras de Caboclo são como flechas que fecundam nossa alma de sentido e desejo de autoconhecimento. É uma estrada que não tem fim, mas na qual nunca estaremos sós. Vivenciar os vínculos ancestrais que nos ligam à Mãe Terra e a seus sagrados seres de luz preenche a nossa vida de alegria e gratidão. Contudo, lembro a você que essa caminhada não é isolada: por isso, busque a força de Caboclo e Cabocla na pertença a uma comunidade de terreiro, em que poderá partilhar o respeito e a fraternidade na sua forma mais plena, como ensinamentos cultivados por nossos ancestrais africanos e indígenas. E antes de incorporar o Caboclo, absorva seus ensinamentos e viva a Umbanda na prática.

Quando se sentir só, feche seus olhos e eleve seu pensamento em oração. Com o espírito liberto, caminhe até a entrada da mata, saúde os guardiões que protegem esse ponto de força e se ajoelhe diante do silêncio da Mãe Terra. Ainda de olhos cerrados, você sentirá a presença de um velho curandeiro indígena, um caçador ou uma caçadora, um guerreiro ou uma guerreira, um Pai ou uma Mãe, um ser encantado da natureza. Não tenha pressa em segui-lo. Ele está à sua espera há muitas luas, mas tem a paciência para aguardar. Então, Oxóssi, o caçador de uma só flecha, estenderá o ofá sobre sua cabeça e apontará a direção. Segure o arco em suas mãos e se deixe conduzir pela mata. Torne-se outro. Sinta-se e seja Caboclo. Somente ele sabe onde a flecha vai cair.

Cantiga ao Caboclo Sete Flechas*

Quando o tambor chamar
Ele vai chegar
Com a luz das suas flechas

Pisa na folha, Caboclo
A sua aldeia é o reino da Jurema
Ele traz a luz da manhã
Seu Sete Flechas é enviado de Tupã

Salve, o Caboclo das Matas!
Filho da onça-parda
Neto da cobra-coral
Cada flecha tem a cor de um Orixá
Sua morada é onde canta o sabiá

Oi, salve, o Caboclo das Matas!
Filho da onça-parda
Neto da cobra-coral
Okê, Caboclo, cacique da Aldeia
Caçador de Oxóssi
Sua estrela nos clareia.

---

* Inspirada pelo Caboclo a Luiz Felipe Stevanim e Licia Oliveira Souza.

Referências

ASSUNÇÃO, Luiz. *O reino dos mestres*: a tradição da Jurema na Umbanda nordestina. Rio de Janeiro: Pallas, 2006.

BARBOSA JÚNIOR, Ademir. *No reino dos Caboclos*. São Paulo: Anúbis, 2015.

BOYER, Véronique. O pajé e o caboclo: de homem a entidade. *Mana*, Rio de Janeiro, v. 5, n. 1, p. 29-56, abr. 1999.

CADAGON, León. *Ayvu Rapyta* – textos míticos de los Mbyá-Guaraní del Guairá. São Paulo: FFLCH-USP, 1959. Boletim n. 227, série Antropologia n. 5.

CARNEIRO, Edison. *Ladinos e crioulos*. Rio de Janeiro: Civilização Brasileira, 1964.

CORRÊA, Luís Rafael Araújo. *Feitiço caboclo: um índio mandingueiro condenado pela inquisição*. Jundiaí, SP: Paco Editorial, 2018.

DAIBERT, Robert. A religião dos bantos: novas leituras sobre o calundu no Brasil colonial. *Estudos históricos*, Rio de Janeiro, v. 28, n. 55, jun./2015, p. 7-25.

FERRETTI, Mundicarmo. *Terra de Caboclo*. São Luís: SECMA, 1994.

GUARANI, Pesquisadores. *Guata Porã*: belo caminhar. São Paulo: IPHAN/CTI, 2015.

JAGUN, Márcio de. *Orí: a cabeça como divindade*. Rio de Janeiro: Litteris, 2015.

JECUPÉ, Kaká Werá. *A terra dos mil povos: história indígena do Brasil contada por um índio.* São Paulo: Peirópolis, 2020.

_____. *O trovão e o vento: um caminho de evolução pelo xamanismo tupi-guarani.* São Paulo: Polar Editorial; Instituto Arapoty, 2016.

JECUPÉ, Olívio. *Tekoa: conhecendo uma aldeia indígena.* São Paulo: Global, 2011.

KOPENAWA, Davi; ALBERT, Bruce. *A queda do céu: palavras de um xamã yanomami.* Tradução de Beatriz Perrone-Moisés. São Paulo: Companhia das Letras, 2015.

KRENAK, Ailton. *A vida não é útil.* São Paulo: Companhia das Letras, 2020.

_____. *Ideias para adiar o fim do mundo.* São Paulo: Companhia das Letras, 2019.

LOPES, Nei. *Ifá Lucumi: o resgate da tradição.* Rio de Janeiro: Pallas, 2020.

_____. *Kitábu: o livro do saber e do espírito negro-africanos.* Rio de Janeiro: Editora Senac Rio, 2005.

MUNDURUKU, Daniel. *O banquete dos deuses: conversa sobre a origem da cultura brasileira.* São Paulo: Global, 2009.

OXOSSI, Pai Caetano de. *Jornada de um Caboclo.* Porto Alegre: BesouroBox, 2019.

PEIXOTO, Norberto. *Encantos de Umbanda: os fundamentos básicos do esoterismo umbandista.* Porto Alegre: BesouroBox, 2017.

POTIGUARA, Eliane. *Metade cara, metade máscara.* Rio de Janeiro: Grumin, 2019.

PRANDI, Reginaldo (org.). *Encantaria brasileira: o livro dos Mestres, Caboclos e Encantados.* Rio de Janeiro: Pallas, 2004.

_____. *A dança dos caboclos: uma síntese do Brasil segundo os terreiros afro-brasileiros, 2000.*

RIBEIRO, Darcy. *O povo brasileiro: a formação e o sentido do Brasil.* São Paulo: Companhia das Letras, 2006.

RIBEIRO, Sidarta. *O oráculo da noite: a história e a ciência do sonho.* São Paulo: Companhia das Letras, 2019.

SAMS, Jamie. *As cartas do caminho sagrado: a descoberta do ser através dos ensinamentos dos índios norte-americanos*. Rio de Janeiro: Rocco, 1993.

SAMS, Jamie; CARSON, David. *Cartas xamânicas: a descoberta do poder através da energia dos animais*. Rio de Janeiro: Rocco, 2000.

SANTOS, Tiganá Santana Neves. *A cosmologia africana dos bantu-kongo por Bunseki Fu-Kiau: tradução negra, reflexões e diálogos a partir do Brasil*. 2019. Tese (Doutorado em Letras) – Universidade de São Paulo, São Paulo, 2019.

SHAPANAN, Francelino. *Entre Caboclos e Encantados*. In: PRANDI, Reginaldo. *Encantaria brasileira: o livro dos Mestres, Caboclos e Encantados*. Rio de Janeiro: Pallas, 2004.

SIMAS, Luiz Antonio. *O corpo encantado das ruas*. Rio de Janeiro: Civilização Brasileira, 2020.

_____. *Pedrinhas miudinhas: ensaios sobre ruas, aldeias e terreiros*. Rio de Janeiro: Mórula, 2019.

SIMAS, Luiz Antonio; RUFINO, Luiz. *Fogo no mato: a ciência encantada das macumbas*. Rio de Janeiro: Mórula Editorial, 2019.

TAKUÁ, Cristiane. *Seres criativos da floresta. Selvagem, ciclo de estudos sobre a vida. 2020*.

VAINFAS, Ronaldo. *A heresia dos índios: Catolicismo e rebeldia no Brasil colonial*. São Paulo: Companhia das Letras, 2022.